Die Legendensammlung mit dem lieblichen Titel «Fioretti» ist eines der ersten Bücher in italienischer Sprache. Es wird noch heute in ursprünglicher Sprachform gelesen und – auch von Italienisch-Lernenden – sehr leicht verstanden. Dieses Taschenbuch enthält etwa die Hälfte der ganzen Sammlung, den Originaltext mit gegenübergestellter deutscher Übersetzung.

Die «Blümlein» berichten, wie der heilige Franziskus seine ersten Anhänger in Assisi findet; wie ihm dann zunächst in Umbrien, später in ganz Italien junge Leute nachlaufen, die eine alternative Lebensform suchen; wie er die ungläubig schweigende Mehrheit zu heiterer Armut aufruft; wie er seine Ordensbrüder, denen gruppendynamische Probleme zu schaffen machen, zur gottseligen Raison bringt; wie er allem Glaubensfanatismus liebevoll und weise entgegentritt; wie er den schrecklichen Wolf von Gubbio zähmt und zum Christenglauben bekehrt; wie er den Vögeln auf dem Felde predigt; wie er den Aussätzigen wäscht und nicht nur äußerlich, sondern von innen her heilt; wie er mit der heiligen Clara geschwisterlich feiert und betet . . .

Das alles ist – auch – interessant. Aber vor allem ist es rührend schön. Selbst Atheisten und Spötter können dem Charme dieses Heiligen nicht widerstehen.

dtv zweisprachig · Edition Langewiesche-Brandt

FIORETTI DI SAN FRANCESCO

BLÜMLEIN VOM HEILIGEN FRANZISKUS

Übersetzung und Nachwort von Burgel Birnbacher

Illustrationen von Frieda Wiegand

Deutscher Taschenbuch Verlag

Deutscher Taschenbuch Verlag GmbH & Co. KG, München
August 1984. Originalausgabe
Umschlagentwurf: Celestino Piatti
Gesamtherstellung: Kösel, Kempten
ISBN 3-423-09207-6. Printed in Germany

Questi sono e Fioretti del glorioso messere santo Francesco, e de' suoi frati (1)

In prima, è da considerare che il glorioso messere santo Francesco, in tutti gli atti della vita sua, fu conformato a Cristo. Imperò che, come Cristo, nel principio della sua predicazione, elesse dodici apostoli a dispregiare ogni cosa mondana, e seguitare lui in povertà e nell'altre virtù; così santo Francesco elesse, al principio del fondamento dell'Ordine suo, dodici compagni professori dell'altissima povertà.

E come uno de' dodici apostoli di Cristo, riprovato da Dio, finalmente s'impiccò per la gola, così uno de' dodici compagni di santo Francesco, ch'ebbe nome frate Giovanni della Cappella, apostatando, finalmente impiccò se medesimo per la gola. E questo è, agli eletti di Dio, grande esemplo e materia d'umiltà e di timore, considerando che nullo è certo di dovere perseverare, infino alla fine, nella grazia di Dio.

E, come que' santi apostoli furono, a tutto il mondo, maravigliosi di santità, e pieni dello Spirito Santo, così que' santissimi compagni di santo Francesco furono uomini di tanta santità che, dal tempo degli apostoli in qua, il mondo non ebbe così maravigliosi e santi uomini. Però che alcuno di loro fu ratto infino al terzo cielo come san Pagolo, e questi fu frate Egidio; alcuno di loro, cioè frate Filippo Lungo, fu toccato le labbra dall'angelo col carbone del fuoco, come fu Isaia profeta; alcuno di loro, cioè frate Salvestro, parlava con Dio come fa l'uno amico coll'altro, a modo che fece Moisè; alcuno volava, per sottilità d'intelletto, infino alla luce della divina sapienza, come l'aquila, cioè Giovanni evangelista, e questo fu frate Bernardo, umilissimo, il quale profondissimamente esponeva la

Dies sind die Blümlein vom glorreichen Herrn Sankt Franziskus und seinen Mitbrüdern

Zuallererst muß man beachten, daß der glorreiche Herr Sankt Franziskus sich in allen Handlungen seines Lebens nach Christus richtete. So wie Christus, als er anfing zu predigen, zwölf Apostel wählte, die allen weltlichen Besitz verachten und ihm in der Armut und den anderen Tugenden nachfolgen sollten, so erwählte der heilige Franziskus, als er daran ging, seinen Orden zu gründen, zwölf Gefährten, die sich zur äußersten Armut bekannten.

Und wie einer der zwölf Apostel, der von Gott verworfen worden war, sich schließlich erhängte, so erhängte sich schließlich einer der zwölf Gefährten des heiligen Franziskus, der von Gott abgefallen war, nämlich Bruder Giovanni della Cappella. Und das ist den Auserwählten Gottes ein deutliches Beispiel und Anlaß zur Demut und Gottesfurcht, wenn man bedenkt, daß keiner gewiß sein kann, bis an sein Ende in der Gnade Gottes zu verbleiben.

Und wie jene heiligen Apostel vor der ganzen Welt wunderbar an Heiligkeit und voll des heiligen Geistes waren, so waren die hochheiligen Gefährten des heiligen Franziskus Menschen von solcher Heiligkeit, daß die Welt seit der Zeit der Apostel keine so wunderbaren und heiligen Menschen gesehen hat. So geschah es, daß einer von ihnen, nämlich Bruder Egidius, bis in den dritten Himmel entrückt wurde wie der heilige Paulus; einem von ihnen, nämlich Bruder Philippus dem Langen, berührte der Engel des Herrn die Lippen mit feuriger Kohle, wie dem Propheten Jesaias; einer von ihnen, nämlich Bruder Silvester, redete mit Gott wie ein Freund mit dem anderen, so wie es Moses getan hatte; einer erhob sich dank der Schärfe seines Geistes bis zum Licht der göttlichen Weisheit, wie der Adler, das ist der Evangelist Johannes, und das war der zutiefst demütige Bruder Bernhard, der die heilige Schrift aufs genaue-

santa Scrittura; alcuno di loro fu santificato da Dio e canonizzato in cielo, vivendo egli ancora nel mondo, e questi fu frate Ruffino, gentile uomo d'Ascesi.

E così tutti furono privilegiati di singulare segno di santità, sì come in processo si dichiarerà.

In prima, come santo Francesco convertì messere Bernardo d'Ascesi (II)

Il primo compagno di santo Francesco fu frate Bernardo d'Ascesi, il quale si convertì in questo modo.

Essendo santo Francesco ancora in abito secolare, benché già avesse dispregiato il mondo, e andando tutto dispetto e mortificato per la penitenzia, in tanto che da molti era reputato stolto, e come pazzo era schernito e iscacciato con pietre e con fango da' parenti e dagli strani, ed egli in ogni ingiuria e scherno passandosi pazientemente come sordo e muto, messere Bernardo d'Ascesi, il quale era de' più nobili e ricchi e savi della città, cominciò a considerare saviamente in santo Francesco il così eccessivo dispregio del mondo, la grande pazienzia nelle ingiurie, e che per due anni, così abominato e dispregiato da ogni persona, sempre pareva più costante e paziente, cominciò a pensare e dire tra se medesimo: «Per niuno modo può essere che questo Francesco non abbia grande grazia da Dio.»

ste auslegte; einer von ihnen wurde von Gott als heilig erachtet und im Himmel heiliggesprochen, als er noch auf Erden lebte, nämlich Bruder Rufinus, ein Edelmann aus Assisi.

Und so waren alle mit besonderen Zeichen der Heiligkeit begabt, wie im weiteren offenbar werden wird.

Zuallererst, wie der heilige Franziskus den Herrn Bernhard von Assisi bekehrte

Der erste Gefährte des heiligen Franziskus war Bruder Bernhard von Assisi, der sich auf folgende Weise bekehrte.

Noch trug der heilige Franziskus weltliches Gewand, wenn er auch schon der Welt entsagt hatte und voll Weltverachtung und Selbsterniedrigung um der Buße willen war, so daß er von vielen für töricht gehalten und als Narr verspottet und von Verwandten und Freunden mit Steinen und Schmutz verjagt wurde. Er aber nahm alle Schmach und Verachtung geduldig auf sich, als wäre er taub und stumm. Da begann Herr Bernhard von Assisi, einer der Edelsten, Reichsten und Weisesten der Stadt, über diese äußerste Weltverachtung und große Geduld, mit der der heilige Franziskus die Schmähungen ertrug, nachzudenken, und wie er durch zwei Jahre hindurch, von jedem Menschen verabscheut und verachtet, nur immer beständiger und geduldiger erschienen war. Er überlegte also und sagte sich: «Es kann gar nicht anders sein als daß dieser Franziskus bei Gott in hoher Gnade steht.»

E sì lo invitò la sera, a cena e albergo; e santo Francesco accettò, e cenò la sera con lui, e albergò. Allora messere Bernardo si puose in cuore di contemplare la sua santità, onde e' sì gli fece apparecchiare uno letto nella sua camera propria, nella quale sempre di notte ardeva una làmpana.

E santo Francesco, per celare la sua santità, immantanente che fu entrato in camera, si gittò in sul letto, e fece vista di dormire. E messere Bernardo, similemente, dopo alcuno spazio, si puose a giacere; e cominciò a russare forte, a modo che dormisse molto profondamente. Di che santo Francesco, credendo veramente che messere Bernardo dormisse in sul primo sonno, si levò del letto e puòsesi in orazione. Levando gli occhi e le mani al cielo, e con grandissima divozione e fervore, diceva: – Iddio mio, Iddio mio! – E così dicendo, e forte lagrimando, stette, infino a mattutino, sempre ripetendo: – Iddio mio, Iddio mio! – e non altro. E questo diceva santo Francesco, contemplando e ammirando la eccellenza della divina Maestà, la quale degnava di condiscendere al mondo che periva, e per lo suo servo, Francesco poverello, disponeva di provvedere rimedio di salute dell'anima sua e degli altri. E però, illuminato di spirito di profezia, prevedendo le gran cose che Iddio doveva fare mediante lui e l'Ordine suo, e considerando la sua insufficienza e poca virtù, chiamava e pregava Iddio, che colla sua pietà e onnipotenza, sanza la quale niente può l'umana fragilità, supplisse, e aiutasse, e compiesse quello che per sé non poteva.

Veggendo messere Bernardo, per lo lume della làmpana, gli atti divotissimi di santo Francesco, e considerando diligentemente le parole che diceva, fu toccato e ispirato dallo Spirito Santo a mutare la vita sua. Di che, fatta la mattina, chiamò santo Francesco, e dìssegli così: – Frate Francesco, io ho al tutto
10 disposto nel cuore mio d'abbandonare il mondo, e
11 seguitare te in ciò che tu mi comanderai. – Udendo

Und so lud er ihn eines Abends ein, zu Mahl und Herberge; und der heilige Franziskus nahm es an und aß zu Abend mit ihm und blieb zur Nacht. Da beschloß Herr Bernhard in seinem Herzen, seiner Heiligkeit ansichtig zu werden. So ließ er ihm ein Bett in seiner eigenen Kammer aufschlagen, in der des Nachts stets eine Lampe brannte.

Der heilige Franziskus aber warf sich, kaum daß er die Kammer betreten hatte, aufs Bett und tat, als ob er schliefe, um seine Heiligkeit zu verbergen. Auch Herr Bernhard legte sich nach einer kleinen Weile nieder wie er, und begann heftig zu schnarchen, als ob er sehr tief schlafe. Da der heilige Franziskus wirklich glaubte, Herr Bernhard liege im ersten Schlaf, erhob er sich vom Lager und sammelte sich zum Gebet. Er erhob die Augen und Hände zum Himmel und sagte mit größter Hingebung und Inbrunst: «Mein Gott, mein Gott.» So sprach er und verweilte tränenüberströmt bis zum Morgengrauen, indem er nichts sagte als nur immer wieder: «Mein Gott, mein Gott.»

Dies sagte der heilige Franziskus in Betrachtung und Bewunderung der Erhabenheit der göttlichen Majestät, die sich herabgelassen hatte, auf die untergehende Welt zu kommen, und beschlossen hatte, durch ihren Knecht, den armseligen Franziskus, für seiner und aller anderen Seelen Heil zu sorgen. Weil er von prophetischem Geist erleuchtet war und die großen Dinge voraussah, die Gott durch ihn und seinen Orden tun würde, rief er Gott an und bat ihn, daß er ihm in seiner Barmherzigkeit und Allmacht, ohne die die menschliche Gebrechlichkeit nichts vermag, beistehe und helfe und vollende, was er aus Eigenem nicht vermochte.

Als Herr Bernhard im Licht der Lampe die hingebungsvollen Gebete des heiligen Franziskus sah und mit Fleiß die Worte bedachte, die dieser sagte, wurde er vom Heiligen Geist angerührt und erleuchtet, daß er sein Leben ändern solle. Daher rief er, als es Morgen geworden war, den heiligen Franziskus und sagte zu ihm: «Bruder Franziskus, ich habe in meinem Herzen beschlossen, die Welt zu verlassen und dir in allem zu folgen, was du gebieten wirst.» Da er dies hörte, wurde der heilige

questo, santo Francesco si rallegrò in ispirito, e disse così: – Messere Bernardo, questo che voi dite è opera sì grande e malagevole, che di ciò si vuole richiedere il consiglio del nostro signore Gesù Cristo; e pregarlo che gli piaccia dimostrarci sopra a ciò la sua volontà, e insegnarci come questo noi possiamo mettere in esecuzione. E però andiamo insieme al Vescovado, ov'è uno buono prete, e faremo dire la messa; e poi staremo in orazione, infino a terza, pregando Iddio che, nelle tre apriture del messale, ci dimostri la via che a lui piace che noi eleggiamo. – Rispuose messere Bernardo che questo molto gli piaceva.

Di che allora si mòssono, e andarono al Vescovado; e poi ch'ebbono udito la messa, e istati in orazione infino a terza, il prete, per priego di santo Francesco, prese il messale e, fatto il segno della croce, sì lo aperse, nel nome del nostro signore Gesù Cristo, tre volte. Nella prima apritura occorse quella parola che disse Cristo, nel Vangelo, al giovane che domandò della via della perfezione: «Se tu vuogli essere perfetto, va e vendi ciò che tu hai, e dà a' poveri, e vieni, e seguita me.» Nella seconda apritura occorse quella parola che Cristo disse agli apostoli, quando gli mandò a predicare: «Non portate niuna cosa per via, né bastone, né tasca, né calzamenti, né danari»; volendo per questo ammaestrarli che tutta la loro speranza del vivere dovessono porre in Dio, ed avere tutta la loro intenzione a predicare il santo Evangelio. Nella terza apritura del messale occorse quella parola che Cristo disse: «Chi vuole venire dopo me, abbandoni se medesimo, e tolga la croce sua, e séguiti me.» Allora, disse santo Francesco a messere Bernardo: – Ecco il consiglio che Cristo ci dà: va dunque, e fa compiutamente quello che tu hai udito. E sia benedetto il nostro signore Gesù Cristo, il quale ha degnato di mostrarci la sua via evangelica.

12 Udendo questo, si partì messere Bernardo, e vendé
13 ciò ch'egli avea, ch'era molto ricco; e con grande

Franziskus fröhlich im Geist und redete also: «Herr Bernhard, was Ihr sagt, ist ein so großes und schweres Vorhaben, daß es des Rates unseres Herrn Jesus Christus bedarf. Wir wollen ihn bitten, es möge ihm gefallen, uns in dieser Sache seinen Willen zu zeigen und uns zu lehren, wie wir ihn ausführen können. Gehen wir also gemeinsam zur Kathedrale, wo ein guter Priester ist; den lassen wir die Messe lesen. Dann wollen wir im Gebet verharren bis zur dritten Stunde und zu Gott beten, er möge uns, wenn der Priester dreimal das Meßbuch aufschlägt, den Weg zeigen, den wir nach seinem Willen gehen sollen.» Herr Bernhard antwortete, daß ihm das sehr gefalle.

So machten sie sich also auf und gingen zur Kathedrale. Nachdem sie die Messe gehört und bis zur dritten Stunde im Gebet verharrt waren, nahm der Priester auf Bitten des heiligen Franziskus das Meßbuch, und öffnete es, nachdem er das Zeichen des Kreuzes gemacht hatte, dreimal im Namen unseres Herrn Jesus Christus. Beim ersten Öffnen schlug er das Wort auf, das Christus im Evangelium zu dem Jüngling sagte, der ihn nach dem Weg zur Vollkommenheit fragte: «Wenn du vollkommen sein willst, so geh und verkaufe was du hast, und gib es den Armen, und komm und folge mir nach.» Beim zweiten Mal schlug er das Wort auf, das Christus zu den Aposteln sagte, als er sie aussandte zu predigen: «Ihr sollt nichts mit euch nehmen auf den Weg, weder Stab, noch Tasche, noch Schuhe, noch Geld», denn damit wollte er sie lehren, ihre Hoffnung auf Gott zu setzen und ihr ganzes Sinnen und Trachten darauf zu richten, das Evangelium zu predigen. Beim dritten Öffnen des Meßbuches schlug er das Wort Christi auf: «Wer mir nachfolgen will, der verleugne sich selbst und nehme sein Kreuz auf sich und folge mir nach.» Da sagte der heilige Franziskus zu Herrn Bernhard: «Das ist der Rat, den Christus uns gibt. Geh also und führe aus, was dir gesagt ist. Gelobt sei unser Herr Jesus Christus, der uns für würdig befunden hat, uns den Weg der Vollkommenheit zu weisen.»

Als er das gehört hatte, ging Herr Bernhard hin und verkaufte alles, was er hatte, denn er war sehr reich. Und mit

allegrezza distribuì ogni cosa a poveri, a vedove, a orfani, a peregrini, e a munisteri, e a spedali; ed in ogni cosa santo Francesco fedelmente e provvidamente l'aiutava.

Vedendo uno, ch'avea nome messere Salvestro, che santo Francesco dava tanti danari a' poveri e faceva dare, istretto d'avarizia disse a santo Francesco: – Tu non mi pagasti interamente di quelle pietre, che tu comperasti da me per racconciare le chiese; e però, ora che tu hai danari, pagami. – Allora santo Francesco, maravigliandosi della sua avarizia, e non volendo contendere con lui, sì, come vero osservatore del Vangelio, mise le mani in grembo di messer Bernardo, e, piene di denari, le mise in grembo di messer Salvestro, dicendo che, se più ne volesse, più gliene darebbe.

Contento messer Salvestro di quegli, si partì e tornòssi a casa; e la sera, ripensando quello che avea fatto il dì, e riprendendosi della sua avarizia, e considerando il fervore di messer Bernardo e la santità di santo Francesco, la notte seguente, e due altre notti, ebbe da Dio una cotale visione: che della bocca di santo Francesco usciva una croce d'oro, la cui sommità toccava il cielo, e le braccia si distendevano dall'oriente infino all'occidente. Per questa visione egli diede per Dio ciò ch'egli aveva, e fécesi frate minore. E fu, nell'Ordine, di tanta santità e grazia, che parlava con Dio come fa l'uno amico coll'altro, secondo che santo Francesco più volte provò, e più giù si dichiarerà.

Messer Bernardo, similemente, ebbe tanta grazia da Dio che, spesse volte, era ratto in contemplazione a Dio. E santo Francesco diceva di lui ch'egli era degno d'ogni riverenza, e ch'egli avea fondato questo Ordine, però ch'egli era il primo ch'avea abbandonato il mondo, non riservandosi nulla ma dando ogni cosa a' poveri di Cristo, e cominciato la povertà evangelica, offerendo sé ignudo alle braccia del Crocifisso. Il
14 quale sia benedetto da noi *in saecula saeculorum.*
15 Amen.

großer Fröhlichkeit verteilte er alle seine Habe an die Armen, an Witwen, Waisen, Obdachlose, auch an Klöster und Krankenhäuser, und der heilige Franziskus half ihm bei allem getreu und umsichtig.

Als aber einer, ein Herr Silvester, sah, wie der heilige Franziskus den Armen so viel Geld gab und andere veranlaßte, ihnen zu geben, sagte er, dem die Habgier die Kehle abschnürte, zu dem heiligen Franziskus: «Du hast mir jene Steine, die du zum Wiederaufbauen der Kirchen gekauft hast, nicht zur Gänze bezahlt; daher bezahle mich nun, da du Geld hast.» Der heilige Franziskus wunderte sich aber ob seiner Habgier; da er jedoch mit ihm nicht streiten wollte, weil er das Evangelium wahrhaftig achtete, nahm er vom Schoß des Herrn Bernhard Hände voller Geld und warf sie dem Herrn Silvester in den Schoß und sagte, wenn er mehr wolle, so werde er ihm noch mehr geben.

Herr Silvester war damit zufrieden; er ging und kehrte in sein Haus zurück; doch am Abend überdachte er, was er tagsüber getan hatte; er tadelte sich ob seiner Habgier und gedachte der Inbrunst des Herrn Bernhard und der Heiligkeit des heiligen Franziskus. In der folgenden Nacht und in zwei weiteren Nächten gab Gott ihm diese Vision: aus dem Mund des heiligen Franziskus ging ein goldenes Kreuz hervor, dessen Spitze den Himmel berührte und dessen Arme vom Morgen bis zum Abend reichten. Dieser Vision wegen verschenkte er im Namen Gottes alles, was er hatte, und trat in den Orden ein. Im Orden war er mit solcher Heiligkeit begnadet, daß er mit Gott redete, wie ein Freund mit dem anderen, wie der heilige Franziskus mehrmals erprobte, und wie später erklärt werden wird.

Desgleichen erfuhr auch Herr Bernhard so große Gnade von Gott, daß er wiederholt in Betrachtung Gottes entrückt war. Und der heilige Franziskus sagte von ihm, ihm gebühre jede nur mögliche Verehrung, denn er habe diesen Orden begründet, weil er doch als erster die Welt verleugnet und nichts für sich behalten habe, sondern alles den Armen geschenkt und in vollkommener Armut sich selbst nackt in die Arme des Gekreuzigten gegeben hatte, der von uns gelobt sei *in saecula saeculorum.* Amen.

Come santo Francesco andò a parlare a frate Bernardo (III)

Il devotissimo servo del Crocifisso, messer santo Francesco, per l'asprezza della penitenzia e continuo piangere, era diventato quasi cieco, e poco vedea lume.

Una volta, tra l'altre, e' si partì del luogo ove egli era, e andò a uno luogo dove era frate Bernardo, per parlare con lui delle cose divine. E, giugnendo al luogo, trovò ch'egli era nella selva, in orazione, tutto elevato, e congiunto con Dio. Allora santo Francesco andò nella selva, e chiamòllo: – Vieni, – disse – e parla a questo cieco. – E frate Bernardo non gli rispuose niente, però che, essendo uomo di grande contemplazione, avea la mente sospesa, e levata a Dio. E però ch'egli avea singulare grazia in parlare di Dio, sì come santo Francesco più volte avea provato, e pertanto desiderava di parlare con lui, fatto alcuno intervallo, sì 'l chiamò la seconda e la terza volta, in quel medesimo modo; e nulla volta frate Bernardi l'udì, e però non gli rispuose né andò a lui. Di che santo Francesco si partì un po' sconsolato, e maravigliavasi e rammaricavasi tra se medesimo che frate Bernardo, chiamato tre volte, non era andato a lui.

Partendosi con questo pensiero, santo Francesco,
quando fu un poco dilungato, disse al suo compagno:
16 – Aspettami qui. – Ed egli se n'andò ivi presso, in un
17 luogo solitario, e gittòssi in orazione, e pregava Iddio

Wie der heilige Franziskus ging, um mit Bruder Bernhard zu sprechen

Der allerdemütigste Knecht des Gekreuzigten, der heilige Herr Franziskus, war durch die Härte seiner Bußübungen und ständiges Weinen fast blind geworden, und sah kaum mehr das Licht.

Unter anderem ging er einmal von dem Kloster, darin er lebte, zu dem, darin Bruder Bernhard lebte, um mit ihm über die göttlichen Dinge zu reden. Und als er zu dem Kloster kam, erfuhr er, daß er im Wald sei, ganz im Gebet entrückt und mit Gott vereint. Also ging der heilige Franziskus in den Wald und rief ihn. «Komm», sagte er, «und sprich zu diesem Blinden.» Und Bruder Bernhard antwortete ihm nicht, denn da er in hohem Maß die Gabe der Betrachtung besaß, hatte sein Geist sich schwebend emporgehoben zu Gott. Daher war ihm die außerordentliche Gnade zuteil, von Gott zu sprechen, wie der heilige Franziskus mehrmals erfahren hatte. Und da er deshalb mit ihm sprechen wollte, rief er ihn nach einer Weile ein zweites und ein drittes Mal auf dieselbe Weise; keinmal hörte ihn Bruder Bernhard, er antwortete ihm nicht und kam nicht zu ihm. Da ging der heilige Franziskus ein wenig traurig weg und wunderte sich und beklagte innerlich, daß Bruder Bernhard, den er dreimal gerufen hatte, nicht zu ihm gekommen war.

Unter solchen Gedanken ging der heilige Franziskus weg. In einiger Entfernung sagte er zu seinem Begleiter: «Warte hier auf mich.» Und er begab sich an einen einsamen Ort dort in der Nähe und warf sich nieder im Gebet und bat Gott, er möge

che gli rivelasse il perché frate Bernardo non gli aveva risposto. E stando così, gli venne una voce da Dio che disse così: – O povero omicciuolo, di che se' tu turbato? debbe l'uomo lasciare Iddio per la creatura? Frate Bernardo, quando tu 'l chiamavi, era congiunto meco, e però non poteva venire a te né risponderti. Adunque, non ti maravigliare s'egli non ti poté parlare, però ch'egli era sì fuori de sé, che delle tue parole non udiva nulla.

Abbiendo santo Francesco questa risposta da Dio, immantanente, con gran fretta, ritornò inverso frate Bernardo per accusarglisi umilemente del pensiero ch'egli avea avuto inverso di lui. Veggendolo venire inverso di sé, frate Bernardo si gli fece incontro e gittòglisi a' piedi. Allora santo Francesco il fece levar su e narrògli con grande umilità il pensiero e la turbazione ch'avea avuta inverso di lui, e come Iddio di ciò l'avea ripreso. Onde conchiuse così: – Io ti comando per santa obbedienzia, che tu facci ciò che io ti comanderò.

Temendo frate Bernardo che santo Francesco non gli comandasse qualche cosa eccessiva, come solea fare, volle onestamente schifare quella obbedienza, ond'egli rispuose così: – Io sono apparecchiato a fare la vostra obbedienza, se voi mi promettete di fare quello che io comanderò a voi. – E, promettendoglile santo Francesco, disse frate Bernardo: – Dite, padre, quello che volete ch'io faccia. – Allora disse santo Francesco: – Io ti comando per santa obbedienza che, per punire la mia presunzione e l'ardire del mio cuore, ora che io mi gitterò in terra supino, mi ponga l'uno piede in sulla gola e l'altro in sulla bocca, e così mi passi tre volte dall'uno all'altro, dicendomi vergogna e vitupèro. E spezialmente mi dì: «Giaci, villano; figliuolo di Pietro Bernardone, onde viene a te tanta superbia, che se' una vilissima creatura?»

18 Udendo questo, frate Bernardo, benché molto gli
19 fusse duro a farlo, pur, per la obbedienza santa,

ihm offenbaren, warum der Bruder Bernhard ihm nicht geantwortet hatte. Als er so verweilte, hörte er eine Stimme von Gott, die sprach: «Armes Menschenkind, warum bist du so verstört? Soll der Mensch Gott lassen um eines Geschöpfes willen? Als du Bruder Bernhard riefst, war er vereint mit mir, deshalb konnte er nicht zu dir kommen und dir nicht antworten. So wundere dich nicht, wenn er dir nicht antworten konnte, denn er war im Gebet entrückt, so daß er nichts von deinen Worten hörte.»

Als der heilige Franziskus diese Antwort von Gott bekommen hatte, kehrte er sofort in großer Eile zu Bruder Bernhard zurück, um wegen der Gedanken, die er gegen ihn gehegt hatte, sich selber demütig anzuklagen. Als Bruder Bernhard ihn auf sich zukommen sah, ging er ihm entgegen und warf sich ihm zu Füßen. Da hieß ihn der heilige Franziskus aufstehen und erzählte ihm voller Demut von seinen Gedanken und dem Unmut, den er gegen ihn gehegt hatte, und wie Gott ihn deshalb getadelt habe. Sodann schloß er mit den Worten: «Ich befehle dir beim heiligen Gehorsam, daß du das tust, was ich dir befehlen werde.»

Bruder Bernhard fürchtete, der heilige Franziskus könne ihm etwas Ungeheuerliches befehlen, wie er es zu tun pflegte. So wollte er der Gehorsamspflicht mit Anstand entgehen und antwortete daher folgendermaßen: «Ich bin bereit, Euch Gehorsam zu erweisen, wenn auch Ihr mir versprecht zu tun, was ich Euch befehlen werde.» Als der heilige Franziskus es ihm versprochen hatte, sagte Bruder Bernhard: «Sagt mir, Vater, was Ihr wollt, daß ich tue.» Da sagte der heilige Franziskus: «Ich befehle dir beim heiligen Gehorsam: Wenn ich mich jetzt rücklings auf den Boden werfe, sollst du mir, um mich für meine Anmaßung und das Aufwallen meines Herzens zu strafen, einen Fuß auf den Hals und einen auf den Mund setzen und so dreimal über mich hinwegsteigen und dabei Schande und Tadel über mich aussprechen. Und insbesondere sage zu mir: ‹Liege darnieder, Elender, Sohn des Pietro Bernardone; woher nimmst du solchen Stolz, der du ein ganz elendes Geschöpf bist?›»

Als Bruder Bernhard das hörte, befolgte er um des heiligen Gehorsams willen, wenn auch so vorsichtig wie möglich, was

quanto poté il più cortesemente, adempié quello che santo Francesco gli avea comandato. E, fatto questo, disse santo Francesco: – Or comanda a me ciò che tu vuogli ch'io faccia, però ch'io t'ho promesso obbedienzia. – Disse frate Bernardo: – Io ti comando, per santa obbedienza, che ogni volta che noi siamo insieme tu mi riprenda e corregga aspramente de' miei difetti. – Di che santo Francesco forte si maravigliò, però che frate Bernardo era di tanta santità ch'egli l'avea in grande riverenzia, e non lo riputava riprensibile di nulla cosa.

E però, d'allora innanzi, santo Francesco si guardava di stare molto con lui, per la detta obbedienza, a ciò che non gli venisse detto alcuna parola di correzione inverso di lui, il quale e' conosceva di tanta santità. Ma quando avea voglia di vederlo, o d'udirlo parlare di Dio, il più tosto ch'e' potea si spacciava da lui, e partivasi. Ed era una grandissima divozione a vedere, con quanta carità e riverenza e umilità, santo Francesco padre usava e parlava con frate Bernardo, suo figliuolo primogenito. A laude e gloria di Cristo. Amen.

Come l'angelo andò alla porta, a parlare a frate Elia (IV)

Al principio e fondamento dell'Ordine, quando erano pochi frati, e non erano ancora presi i luoghi, santo Francesco, per sua divozione, andò a Santo Iacopo di Galizia, e menò seco alquanti frati, tra' quali fu l'uno frate Bernardo.

der heilige Franziskus ihm befohlen hatte, obwohl es ihn hart ankam. Und als er es getan hatte, sagte der heilige Franziskus: «Jetzt befiehl du mir, was du willst, daß ich tue, denn auch ich habe dir Gehorsam versprochen.»

Da sagte Bruder Bernhard: «Ich befehle dir beim heiligen Gehorsam, daß du mich jedesmal, wenn wir beisammen sind, meiner Fehler wegen hart tadelst und zurechtweist.» Darüber wunderte sich der heilige Franziskus sehr, denn Bruder Bernhard war von solcher Heiligkeit, daß er ihn sehr verehrte und ihn in keiner Angelegenheit für tadelnswert hielt.

Von da an vermied es der heilige Franziskus, der besagten Gehorsamspflicht wegen, viel mit ihm zusammen zu sein, damit er auch nicht ein Wort des Tadels ausspreche gegen ihn, von dem er wußte, wie heilig er war. Hatte er aber das Verlangen, ihn zu sehen oder von Gott reden zu hören, so eilte er zu ihm, so rasch er konnte, und ging gleich wieder. Und es war sehr erhebend zu sehen, welche Liebe und Verehrung und Demut der heilige Vater Franziskus dem Bruder Bernhard erwies und bezeugte, seinem erstgeborenen Sohn. Zum Lob und Ruhm Christi. Amen.

Wie der Engel zur Pforte kam, um Bruder Elias zu sprechen

Als der Orden kaum gegründet war und es erst wenige Brüder gab und noch keine Klöster gebaut waren, ging der heilige Franziskus in seiner Demut nach Santiago in Galizien und nahm etliche Brüder mit, von denen einer der Bruder Bernhard war.

E, andando così insieme per lo cammino, trovarono in una terra uno povero infermo, al quale avendo compassione, santo Francesco disse a frate Bernardo: – Figliuolo mio, io voglio che tu rimanga qui, a servire questo infermo. – E frate Bernardo, umilemente inginocchiandosi e inchinando il capo, ricevette la obbedienza del padre santo, e rimase in quel luogo.

E santo Francesco, con gli altri compagni, andarono a Santo Iacopo. Essendo giunti là, e stando la notte in orazione nella chiesa di Santo Iacopo, fu da Dio rivelato a santo Francesco ch'egli dovea prendere molti luoghi per lo mondo, però che l'Ordine suo si doveva dilatare e crescere in grande moltitudine di frati. E, per questa revelazione, cominciò santo Francesco a prendere de' luoghi in quelle contrade. E ritornando santo Francesco per la via di prima, ritrovò frate Bernardo e lo 'nfermo con cui e' l'avea lasciato, il quale era perfettamente guarito. Onde santo Francesco concedette, l'anno seguente, a frate Bernardo ch'egli andasse a Santo Iacopo.

E così santo Francesco si ritornò nella valle di Spoleto. E stavasi in uno luogo diserto, egli e frate Masseo e frate Elia e alcuni altri, i quali tutti si guardavano molto di noiare o storpiare santo Francesco dall'orazione. E ciò facevano per grande riverenzia che gli portavano, e perché sapevano che Iddio gli rivelava grandi cose nelle orazioni.

Addivenne un dì, ch'essendo santo Francesco in orazione nella selva, uno giovane, bello, apparecchiato a camminare, venne alla porta del luogo, e picchiò sì in fretta e forte e per sì grande spazio, che i frati molto si maravigliarono di così disusato modo di picchiare. Andò frate Masseo e aperse la porta, e disse a quel giovane: – Onde vieni tu, figliuolo, che non pare che tu ci fussi mai più, sì hai picchiato, disusatamente? – Rispuose il giovane: – E come si de' picchiare? – Disse frate Masseo: – Picchia tre volte, l'una dopo l'altra, di rado; poi aspetta tanto che 'l frate abbia

Als sie so gemeinsam ihres Weges zogen, fanden sie in einer Gegend einen armen Kranken, mit dem der heilige Franziskus Mitleid hatte, so daß er zu Bruder Bernhard sagte: «Mein Sohn, ich will, daß du hier bleibst, um diesem Kranken zu dienen.» Bruder Bernhard kniete demütig nieder, neigte sein Haupt und unterwarf sich gehorsam dem heiligen Vater und blieb an jenem Ort.

Und der heilige Franziskus zog mit den anderen Gefährten nach Santiago. Als sie dort angelangt waren und die Nacht im Gebet in der Kirche des heiligen Jakob verbracht hatten, wurde dem heiligen Franziskus von Gott offenbart, er solle viele Klöster in der Welt errichten, denn sein Orden werde sich ausbreiten und zu einer großen Schar von Brüdern anwachsen. Und wegen dieser Offenbarung begann der heilige Franziskus in jener Gegend Klöster zu gründen. Als der heilige Franziskus dann auf demselben Weg zurückkehrte, fand er Bruder Bernhard wieder und auch den Kranken, bei dem er ihn gelassen hatte; der war aber völlig geheilt. Daher erlaubte der heilige Franziskus dem Bruder Bernhard, im folgenden Jahr nach Santiago zu pilgern.

Und so kehrte der heilige Franziskus in das Tal von Spoleto zurück. Er hielt sich in einem einsamen Kloster auf, er und Bruder Masseo und Bruder Elias und einige andere, und alle hüteten sich davor, den heiligen Franziskus beim Gebet zu belästigen oder zu stören. Das taten sie um der großen Verehrung willen, die sie ihm entgegenbrachten, und weil sie wußten, daß Gott ihm Großes im Gebet offenbarte.

Eines Tages, als der heilige Franziskus zum Gebet im Wald war, geschah es, daß ein junger Mann, der für einen weiten Weg gerüstet schien, an die Pforte des Klosters kam und so eilig und laut und lang klopfte, daß die Brüder sich ob dieses ungewöhnlichen Klopfens sehr verwunderten. Bruder Masseo ging und öffnete die Pforte und sagte zu dem jungen Mann: «Woher kommst du, mein Sohn, du scheinst noch nie hier gewesen zu sein, so ungewöhnlich hast du geklopft?» Antwortete der junge Mann: «Und wie muß man klopfen?» Sagte Bruder Masseo: «Klopf dreimal, einmal nach dem andern, einzeln; dann warte so lange, bis der Bruder das Vaterunser

detto il paternostro, e venga a te; e se in questo intervallo e' non viene, picchia un'altra voltra. – Rispuose il giovane: – Io ho grande fretta, e però picchio così forte, però ch'i' ho a fare lungo viaggio, e qua sono venuto per parlare a frate Francesco. Ma egli sta ora nella selva, in contemplazione, e però non lo voglio storpiare. Ma va, e mandami frate Elia, ché gli voglio fare una quistione però ch'io intendo ch'egli è molto savio.

Va frate Masseo, e dice a frate Elia che vada a quel giovane; e frate Elia se ne scandalezza, e non vuole andare. Di che frate Masseo non sa che si fare, né che rispondere a colui; però che se dicesse: – Frate Elia non può venire –, mentiva; se dicesse come egli era turbato e non voleva venire, temeva di dargli male esemplo.

E però che, intanto, frate Masseo penava a tornare, il giovane picchiò un'altra volta come prima. E poco stante, tornò frate Masseo alla porta, e disse al giovane: – Tu non hai servata la mia dottrina, nel picchiare. – Rispuose il giovane: – Frate Elia non vuole venire a me; ma va, e dì a frate Francesco ch'io sono venuto per parlare con lui; ma però ch'io no 'l voglio impedire dalla orazione, digli che mandi a me frate Elia.

Allora frate Masseo andò a santo Francesco, il quale orava nella selva, colla faccia levata verso il cielo, e dìssegli tutta l'ambasciata del giovane, e la risposta di frate Elia. E quel giovane si era l'angelo di Dio, in forma umana. Allora santo Francesco, non mutandosi di luogo, né abbassando la faccia, disse a frate Masseo: – Va, e dì a frate Elia che, per obbedienza, immantanente vada a quel giovane. – Udendo, frate Elia la obbedienza di santo Francesco, andò alla porta molto turbato e con grande impeto e romore l'aperse e disse al giovane: – Che vuo' tu? – Rispuose il giovane: –
24 Guarda, frate, che tu non sia turbato, come tu pari,
25 però che l'ira impedisce l'animo e non lascia discer-

gebetet hat und zu dir kommt; und wenn er nach diesem Zeitraum nicht kommt, so klopf noch einmal.» Antwortete der junge Mann: «Ich habe große Eile, daher klopfe ich so fest, denn ich habe eine lange Reise zu machen und bin hierher gekommen, um mit Bruder Franziskus zu reden. Aber er weilt im Wald, in Betrachtung versunken, und daher will ich ihn nicht stören. Aber geh und schick mir Bruder Elias, denn ich will ihm eine Frage vorlegen, habe ich doch gehört, daß er ein sehr kluger Mann ist.»

Bruder Masseo geht und sagt Bruder Elias, er möge zu dem jungen Mann gehen; Bruder Elias entrüstet sich und will nicht gehen. Bruder Masseo weiß nicht, was er tun noch wie er jenem antworten soll: sagt er, Bruder Elias könne nicht kommen, so spräche er die Unwahrheit, sagt er, er sei erzürnt und wolle nicht kommen, so fürchtet er, ihm ein schlechtes Beispiel zu geben.

Und weil also Bruder Masseo zögerte, zurückzukehren, klopfte der junge Mann ein weiteres Mal wie schon zuvor. Darauf kehrte Bruder Masseo gleich zur Pforte zurück und sagte zu dem jungen Mann: «Du hast meine Lehre beim Klopfen nicht befolgt.» Der junge Mann antwortet: «Bruder Elias will nicht zu mir kommen; geh also und sag Bruder Franziskus, ich sei gekommen, um mit ihm zu reden, aber ich will ihn nicht beim Gebet stören; sag ihm, er möge mir Bruder Elias schicken.»

Also ging Bruder Masseo zu dem heiligen Franziskus, der im Wald betete, das Gesicht zum Himmel erhoben, und überbrachte ihm die Botschaft des jungen Mannes und die Antwort von Bruder Elias. Der junge Mann war aber der Engel Gottes in menschlicher Gestalt. Ohne sich von der Stelle zu rühren oder das Gesicht zu senken, sagte der heilige Franziskus zu Bruder Masseo: «Geh und sag Bruder Elias, er möge in Gehorsam sofort zu jenem jungen Mann gehen.» Als Bruder Elias das Gebot des heiligen Franziskus hörte, ging er sehr verärgert zur Pforte, öffnete sie mit großem Ungestüm und Lärm und sagte zu dem jungen Mann: «Was willst du?» Der junge Mann antwortete: «Sieh zu Bruder, daß du nicht verärgert bist, wie du erscheinst, denn der Zorn hemmt den Geist und hindert ihn

nere il vero. – Disse frate Elia: – Dimmi quello che tu vuogli da me. – Rispuose il giovane: – Io ti domando se agli osservatori del santo Evangelio è licito di mangiare ciò che a loro è posto innanzi, secondo che Cristo disse a' suoi discepoli. E domàndoti ancora se a niuno uomo è licito di porre innanzi loro alcuna cosa contraria alla libertà evangelica. – Rispuose frate Elia superbamente: – Io so bene questo, ma io non ti voglio rispondere: va pe' fatti tuoi. – Disse il giovane: – Io saprei meglio rispondere a questa questione, che tu. – Allora frate Elia, turbato, con furia chiuse l'uscio, e partìssi.

Poi cominciò a pensare della detta quistione, e a dubitare tra se medesimo, e non la sapea solvere. Però che egli era vicario dell'Ordine, e avea ordinato e fatto constituzione, oltre al Vangelio e oltre alla Regola di santo Francesco, che niuno frate dell'Ordine mangiasse carne, sì che la detta questione era espressamente contra lui. Di che, non sappiendo dichiarare se medesimo, e sonsiderando la modestia del giovane, e ch'egli avea detto che saprebbe rispondere a quella quistione meglio di lui, ritorna alla porta e àprela per domandare il giovane della detta quistione. Ma egli s'era già partito, imperò che la superbia di frate Elia non era degna di parlare coll'angelo.

Fatto questo, santo Francesco, al quale ogni cosa era stata da Dio rivelata, tornò della selva, e fortemente con alta voce riprese frate Elia, dicendo: – Mal fate, frate Elia superbo, che cacciate da noi gli angeli santi, i quali ci vengono ad ammaestrare.

Io ti dico ch'io temo forte che la tua superbia non ti faccia finire fuori di questo Ordine. – E così gli addivenne poi, come santo Francesco gli predisse, però che morì fuori dell'Ordine.

Il dì medesimo, e in quell'ora che quello angelo si
26 partì, sì apparì in quella medesima forma a frate
27 Bernardo, il quale tornava da Santo Iacopo, ed era alla

an der wahren Erkenntnis.» Bruder Elias sagte: «Sag mir, was du von mir willst.» Da antwortete der junge Mann: «Ich frage dich, ob es denen, die sich an das heilige Evangelium halten, gestattet ist zu essen, was ihnen vorgesetzt wird, wie es Christus seinen Jüngern gebot. Und weiter frage ich dich, ob es irgendeinem Menschen gestattet ist, ihnen etwas vorzuschreiben, das der Freiheit des Evangeliums widerspricht.» Da antwortete Bruder Elias hochmütig: «Ich weiß das wohl, aber ich will dir nicht antworten. Geh deiner Wege.» Der junge Mann sagte: «Ich wüßte besser auf diese Frage zu antworten als du.» Da schloß Bruder Elias zornig und voll Wut die Pforte und ging weg.

Dann begann er über die besagte Frage nachzudenken, und es kamen ihm Zweifel, und er wußte sie nicht zu beantworten. Er war aber der Vikar des Ordens und hatte über das Evangelium und die Ordensregel des heiligen Franziskus hinaus befohlen und zur Regel gemacht, daß kein Ordensbruder Fleisch essen dürfe, so daß jene Frage geradewegs gegen ihn gerichtet war. Da er sie bei sich nicht klären konnte, dachte er an die Bescheidenheit des jungen Mannes und daß er gesagt hatte, er wüßte die Frage besser zu beantworten als er; und so kehrt er zur Pforte zurück und öffnet sie, um dem jungen Mann die besagte Frage zu unterbreiten. Aber der war schon gegangen, denn Bruder Elias in seinem Hochmut war nicht würdig, mit dem Engel zu reden.

Als das geschehen war, kehrte der heilige Franziskus, dem die Vorgänge von Gott geoffenbart worden waren, aus dem Wald zurück und mit lauter Stimme tadelte er gar heftig den Bruder Elias und sagte: «Ihr tut übel daran, Bruder Elias, in Eurem Hochmut die heiligen Engel fortzujagen, die kommen, um uns zu unterweisen. Ich sage dir, daß ich sehr fürchte, dein Hochmut wird dich noch außerhalb dieses Ordens enden lassen.» Und so, wie der heilige Franziskus vorausgesagt hatte, geschah es später: als er starb, gehörte er dem Orden nicht mehr an.

Am selben Tag und zur nämlichen Stunde, in der der Engel weggegangen war, erschien er in derselben Gestalt Bruder Bernhard, der auf dem Rückweg von Santiago an das Ufer eines

riva d'uno grande fiume; e salutòllo in suo linguaggio, dicendo: – Iddio ti dia pace, o buono frate. – E maravigliandosi frate Bernardo, e considerando la bellezza del giovane e la loquela della sua patria, e colla salutazione pacifica e colla faccia lieta sì 'l dimandò: – Onde vieni tu, buono giovane? – Rispuose l'angelo: – Io vengo di cotale luogo dove dimora santo Francesco; e andai per parlare con lui, e non ho potuto, però ch'egli era nella selva a contemplare le cose divine, e io non l'ho voluto storpiare. E in quello luogo dimorano frate Masseo e frate Egidio e frate Elia. E frate Masseo m'ha insegnato picchiare la porta a modo de' frati; ma frate Elia, però che non mi volle rispondere della quistione ch'io gli propuosi, poi se ne penté, e volle udirmi e vedermi, e non poté.

Dopo queste parole, disse l'angelo a frate Bernardo: – Perché non passi tu di là? – Rispuose frate Bernardo: – Però che io temo di pericolo, per la profondità dell'acque che io veggio. – Disse l'angelo: – Passiamo insieme, e non dubitare. – E prese la sua mano e in uno battere d'occhio il puose dall'altra parte del fiume. Allora frate Bernardo cognobbe ch'egli era l'angelo di Dio; e con grande riverenzia e gaudio ad alta voce disse: – O angelo benedetto di Dio, dimmi quale è il tuo nome. – Rispuose l'angelo: – Perché domandi tu del nome mio, il quale è maraviglioso? – E, detto questo, l'angelo disparve, e lasciò frate Bernardo molto consolato, in tanto che tutto quel viaggio fece con allegrezza.

E considerò il dì e l'ora che l'angelo gli era apparito, e giugnendo al luogo dove era santo Francesco co' sopradetti compagni, e' recitò loro ordinatamente ogni cosa; e cognóbbono certamente che quel medesimo angelo, in quel dì e in quell'ora, era apparito a loro e a lui; e ringraziarono Iddio. Amen.

großen Flusses gekommen war; er grüßte ihn in seiner Sprache und sagte: «Gott gebe dir Frieden, guter Bruder.» Und Bruder Bernhard wunderte sich über die Schönheit des jungen Mannes und die Sprache seiner Heimat. Er grüßte ihn mit dem Friedensgruß und fragte ihn mit fröhlichem Gesicht: «Woher kommst du, guter Jüngling?» Der Engel antwortete: «Ich komme von dem Kloster, in dem der heilige Franziskus sich aufhält. Ich war hingegangen, um mit ihm zu sprechen, und konnte es nicht, denn er weilte im Wald, der Betrachtung der göttlichen Dinge hingegeben, und ich wollte ihn nicht stören. In jenem Kloster wohnen auch Bruder Masseo und Bruder Egidius und Bruder Elias. Und Bruder Masseo hat mich gelehrt, nach Art der Brüder an die Pforte zu klopfen; aber Bruder Elias, der mir auf die Frage, die ich ihm vorlegte, nicht antworten wollte, bereute es dann und wollte mich anhören und sehen, und vermochte es nicht.»

Nach diesen Worten sagte der Engel zu Bruder Bernhard: «Warum gehst du nicht hinüber?» Da antwortete Bruder Bernhard: «Weil ich angesichts der Tiefe des Wassers die Gefahr fürchte.» Da sagte der Engel: «Wir wollen gemeinsam hinübergehen, zweifle nicht.» Und er nahm seine Hand und einen Augenblick später setzte er ihn auf der anderen Seite des Flusses ab. Da erkannte Bruder Bernhard, daß er Gottes Engel war, und in großer Ehrfurcht und Freude sagte er mit lauter Stimme: «Oh gesegneter Engel Gottes, sag mir deinen Namen.» Da antwortete der Engel: «Warum fragst du nach meinem Namen, der wunderbar ist?» Und als er dies gesagt hatte, verschwand der Engel und ließ Bruder Bernhard ganz getröstet zurück, so daß er die lange Reise fröhlich zurücklegte.

Er merkte sich den Tag und die Stunde, in der ihm der Engel erschienen war. Als er zu dem Kloster kam, wo der heilige Franziskus und die erwähnten Gefährten waren, berichtete er ihnen alles genauestens, und sie erkannten mit Gewißheit, daß dieser nämliche Engel ihnen und ihm, und zwar am selben Tag und zur selben Stunde, erschienen war; und sie dankten Gott. Amen.

Come frate Bernardo prese luogo a Bologna (v)

Imperò che santo Francesco e' suoi compagni erano da Dio chiamati ed eletti a portare, col cuore e con l'opere, e a predicare la croce di Cristo, eglino parevano, ed erano, uomini crocifissi, quanto all'abito, quanto alla vita austera, e quanto agli atti e operazioni loro; e però desideravano più di sostenere vergogne e obbrobri per l'amore di Cristo, che onori del mondo o riverenze e lode vane. Anzi, delle ingiurie si rallegravano e degli onori si contristavano; e così s'andavano per lo mondo come peregrini e forestieri, non portando seco altro che Cristo crocifisso. E però ch'egli erano veri tralci della vera vite, cioè Cristo, producevano grandi e buoni frutti dell'anime le quali guadagnavano a Dio.

Addivenne, nel principio della Religione, che santo Francesco mandò frate Bernardo a Bologna, a ciò che ivi, secondo la grazia che Iddio gli aveva data, facesse frutto a Dio. E frate Bernardo, facendosi il segno della croce, per la santa obbedienza si partì e giunse a Bologna. E, veggendolo i fanciulli in abito disusato e vile, sì gli facevano scherni e molte ingiurie come si fa a uno pazzo. E frate Bernardo pazientemente e allegramente sostenea ogni cose per l'amore di Cristo. Anzi, a ciò che meglio fusse straziato, si puose studio-
30 samente nella piazza della città; onde, sedendo ivi, gli
31 si ragunarono intorno molti fanciulli e uomini; e chi

Wie Bruder Bernhard zu Bologna ein Kloster gründete

Da nun der heilige Franziskus und seine Gefährten von Gott gerufen und erwählt waren, das Kreuz Christi zu tragen – in ihren Herzen und in ihrem Tun – und zu predigen, so schienen sie selber gekreuzigte Menschen zu sein und waren es wirklich, sowohl in ihrer Kleidung wie in ihrer armseligen Lebensweise wie in allem, was sie taten und unternahmen. Darum verlangten sie auch mehr danach, um der Liebe Christi willen Schmähung und Beschimpfung zu empfangen als weltliche Ehren oder Ansehen und eitlen Ruhm. Ja, sie freuten sich, wenn sie Unrecht erfuhren, und waren traurig, wenn man sie ehrte. So gingen sie durch die Welt wie Pilger und Wanderer und hatten nichts bei sich als den gekreuzigten Christus. Und als wahre Pfropfreiser des wahren Lebens, nämlich Christi, brachten sie große und gute Früchte hervor bei den Menschen, die sie für Gott gewannen.

In der Anfangszeit des Ordens geschah es, daß der heilige Franziskus Bruder Bernhard nach Bologna schickte, damit er dort, entsprechend den Gaben, die Gott ihm gegeben hatte, Gottes Ernte einbringe. Bruder Bernhard bekreuzigte sich und brach in heiligem Gehorsam auf und erreichte Bologna. Als ihn die Kinder in seinem schäbigen und schlechten Gewand sahen, verspotteten und schmähten sie ihn sehr, wie man es mit einem Verrückten tut. Und Bruder Bernhard ertrug geduldig und fröhlich alles um der Liebe Christi willen. Ja, um noch Schlimmeres zu ertragen, setzte er sich mit Fleiß auf den Marktplatz; während er dort saß, sammelten sich viele Kinder und Erwach-

gli tirava il cappuccio di dietro e chi d'inanzi, e chi gli gittava polvere e chi pietre, e chi lo sospingeva di là e chi di qua. E frate Bernardo, sempre d'un modo e d'una pazienza, col volto lieto, non si rammaricava e non si mutava; e, per più dì, ritornò a quel medesimo luogo per sostenere simiglianti cose.

E però che la pazienzia è opera di perfezione e pruova di virtù, uno savio dottore di legge, veggendo e considerando tanta costanzia e virtù di frate Bernardo non potersi turbare, in tanti dì, per niuna molestia o ingiuria, disse fra se medesimo: – Impossibile è che questi non sia santo uomo. – E appressandosi a lui, sì 'l domandò: – Chi se' tu? e perché se' venuto qua? – E frate Bernardo, per risposta, si mise la mano in seno e trasse fuori la Regola di santo Francesco e dièdegliele che la leggesse. E, letta che l'ebbe, considerando il suo altissimo stato di perfezione, con grandissimo stupore e ammirazione si rivolse a' compagni e disse: – Veramente questo è il più alto stato di religione ch'io udissi mai; e però costui, co' suoi compagni, sono e più santi uomini di questo mondo; e fa grandissimo peccato chi gli fa ingiuria, il quale si dovrebbe sommamente onorare, con ciò sia cosa ch'e' sia vero amico di Dio.

E disse a frate Bernardo: – Se voi volessi prendere luogo nel quale voi potessi acconciamente servire a Dio, io, per salute dell'anima mia, volentieri vel darei. – Rispuose frate Bernardo: – Signore mio, io credo che questo v'abbi spirato il nostro signore Gesù Cristo; e però la vostra profferta io accetto volentieri, a onore di Cristo. – Allora il detto giudice, con grande allegrezza e carità, menò frate Bernardo a casa sua; e poi gli diede il luogo promesso, e tutto l'acconciò e compié alle sue spese. E, d'allora innanzi, diventò padre e difensore speziale di frate Bernardo e de' suoi compagni.

32 E frate Bernardo, per la sua santa conversazione,
33 cominciò a essere molto onorato dalla gente, in tanto

sene um ihn; die einen zogen ihn von hinten an der Kapuze, die anderen von vorn, sie bewarfen ihn mit Schmutz und mit Steinen, stießen ihn hierhin und dorthin. Bruder Bernhard aber zeigte Gleichmut und Geduld und ein heiteres Gesicht; ja, er kehrte durch mehrere Tage hindurch an denselben Ort zurück, um ähnliches zu erdulden.

Da aber die Geduld ein Werk der Vollkommenheit und ein Zeichen göttlicher Tugend ist, sagte sich ein gelehrter Doktor der Rechte, der sah und beobachtete, wie die Beständigkeit und Tugend Bruder Bernhards tagelang von keiner Belästigung oder Schmähung zu erschüttern war: «Es ist unmöglich, daß dieser Mensch kein Heiliger ist.» Und er trat auf ihn zu und fragte ihn: «Wer bist du? Und warum bist du hierher gekommen?» Als Antwort griff Bruder Bernhard in sein Gewand und zog die Regel des heiligen Franziskus hervor und gab sie ihm, damit er sie lese. Und als er sie gelesen hatte, erkannte er den hohen Grad ihrer Vollkommenheit und wandte sich in höchstem Staunen und Bewunderung an seine Begleiter und sagte: «Dies ist wahrhaftig die höchste Stufe des Glaubens, von der ich je gehört habe, und deshalb sind dieser Mann und seine Gefährten die heiligsten Männer auf dieser Erde; der aber begeht eine große Sünde, der diesen Mann schmäht, dem man doch die höchsten Ehren erweisen sollte, denn es ist offenbar, daß er in Wahrheit Gottes Freund ist.»

Und zu Bruder Bernhard sagte er: «Wenn ihr ein Haus gründen wollt, wo ihr Gott würdig dienen könnt, so will ich es euch um meiner Seele Heil willen gerne geben.» Da antwortete Bruder Bernhard: «Herr, ich glaube, das hat Euch unser Herr Jesus Christus eingegeben; daher nehme ich Euer Angebot zu Christi Ehre gern an.»

Daraufhin führte der besagte Richter den Bruder Bernhard in aller Fröhlichkeit und Barmherzigkeit in sein Haus; er schenkte ihm die versprochene Stätte und stattete sie mit allem aus und trug alle Ausgaben dafür. Und von da an wurde er zum Vater und besonderen Verteidiger Bruder Bernhards und seiner Gefährten.

Um seiner heiligen Reden willen begannen die Leute Bruder Bernhard sehr zu verehren, so daß sie sich schon für glücklich

che beato se teneva chi 'l poteva toccare o vedere. Ma egli, come vero e umile discepolo di Cristo e dell'umile santo Francesco, temendo che l'onore del mondo non impedisse la pace e la salute dell'anima sua, si partì indi e tornòssi a santo Francesco e dìssegli così: – Padre, il luogo è preso nella città di Bologna; màndavi de' frati che 'l mantengano e che vi stieno, però ch'io non vi faceva più guadagno; anzi, per lo troppo onore che mi v'era fatto, io temo ch'io non perdessi più ch'io non vi guadagnassi.

Allora santo Francesco, udendo ogni cosa per ordine, come Iddio aveva adoperato per frate Bernardo, ringraziò Iddio, il quale così incominciava a dilatare i poverelli discepoli della croce. E allora mandò de' suoi compagni a Bologna e in Lombardia, i quali presono molti luoghi in diverse parti. A laude e a riverenza del buono Gesù. Amen.

Della pazienzia, dove è perfetta letizia, scrive santo Francesco (VIII)

Vegnendo una volta santo Francesco da Perugia a Santa Maria degli Angeli con frate Leone a tempo di verno, e il freddo grandissimo fortemente il cruciava, chiamò frate Leone, il quale andava un poco innanzi, e disse così: – Frate Leone, avvegna Dio che 'frati minori, in ogni terra, dieno grande esemplo di santità e buona edificazione: nondimeno scrivi, e nota diligentemente, che non è ivi perfetta letizia.

E andando più oltre, santo Francesco il chiamò la seconda volta: – O frate Leone, benché 'l frate minore illumini i ciechi, distenda gli attratti, cacci i demoni, renda l'udire a' sordi, l'andare a' zoppi, il parlare a' mutoli, e, che maggior cosa è, risusciti il morto di quattro dì: scrivi che non è in ciò perfetta letizia.

E andando un poco, santo Francesco grida forte: – O frate Leone, se 'l frate minore sapesse tutte le

hielten, wenn sie ihn berühren oder sehen konnten. Er aber, als wahrer und demütiger Jünger Christi und des demütigen heiligen Franziskus, fürchtete, die weltlichen Ehren könnten den Frieden und das Heil seiner Seele hindern. Er verließ Bologna und kehrte zum heiligen Franziskus zurück und sagte zu ihm: «Vater, das Haus in der Stadt Bologna ist gegründet, schicke nun Brüder hin, die dort bleiben und es hüten, denn ich habe dort keinen Gewinn mehr gebracht; ich fürchte vielmehr, daß ich der allzu vielen Ehrungen wegen, die man mir erwiesen hat, mehr verloren als gewonnen habe.»

Als der heilige Franziskus der Reihe nach gehört hatte, wie Gott durch Bruder Bernhard gewirkt hatte, dankte er Gott, der mit der Verbreitung der armen Nachfolger des Kreuzes begann. Er schickte etliche Gefährten nach Bologna und in die Lombardei, die in verschiedenen Gebieten zahlreiche Klöster gründeten. Zum Lob und zur Ehre des guten Jesus. Amen.

Von der Geduld, in der wahre Glückseligkeit liegt, wie der heilige Franziskus schreibt

Einmal ging der heilige Franziskus zur Winterszeit mit Bruder Leo von Perugia nach Santa Maria degli Angeli, und die große Kälte quälte ihn sehr. Da rief er Bruder Leo, der ein wenig vor ihm ging, und sagte zu ihm: «Bruder Leo, Gott gebe, daß unsere Ordensbrüder überall in der Welt ein Beispiel großer Heiligkeit und Erbauung geben: dennoch schreib, zeichne fleißig auf, daß darin nicht die vollkommene Glückseligkeit liegt.»

Sie gingen ein wenig, da rief ihn der heilige Franziskus ein zweites Mal: «Bruder Leo: Wenn auch ein Ordensbruder den Blinden das Augenlicht gäbe, die Krüppel streckte, die Dämonen austriebe, die Tauben zum Hören , die Lahmen zum Gehen, die Stummen zum Reden brächte und, was noch größer ist, einen Toten nach vier Tagen lebendig machte – schreib, daß darin nicht die vollkommene Glückseligkeit liegt!»

Sie gingen ein wenig weiter, da ruft der heilige Franziskus laut: «Bruder Leo: Wenn ein Ordensbruder alle Sprachen

lingue e tutte le scienzie e tutte le scritture, sì ch'e' sapesse profetare e rivelare non solamente le cose future, ma eziandio i segreti delle coscienzie e degli animi: scrivi che non è in ciò perfetta letizia.

Andando un poco più oltre, santo Francesco ancora chiamò forte: – O frate Leone, pecorella di Dio, benché 'l frate minore parli con lingua d'angelo, e sappi i corsi delle stelle e le virtù dell'erbe, e fóssongli rivelati tutti i tresori della terra, e cognoscesse le nature degli uccelli e de' pesci e di tutti gli animali e degli uomini e degli àrbori e delle pietre e delle radici e dell'acque: scrivi che non ci è perfetta letizia.

E andando anche un pezzo, santo Francesco chiama forte: – O frate Leone, benché 'l frate minore sapesse sì bene predicare, che convertisse tutti gl'infedeli alla fede di Christo: scrivi che non è ivi perfetta letizia.

E durando questo modo di parlare bene due miglia, frate Leone con grande ammirazione il domandò e disse: – Padre, io ti prego dalla parte di Dio che tu mi dica ove è perfetta letizia.

E santo Francesco gli rispuose: – Quando noi giugneremo a Santa Maria degli Angeli, così bagnati per la piova e agghiacciati per lo freddo, e infangati di loto e afflitti di fame, e picchieremo la porta del luogo, e 'l portinaio verrà adirato e dirà: ‹Chi siete voi?› e noi diremo: ‹Noi siamo due de' vostri frati›, e colui dirà: ‹Voi non dite vero, anzi siete due ribaldi che andate ingannando il mondo e rubando le limosine de' poveri, andate via›, e non ci aprirà, e faràcci stare di fuori alla neve e all'acqua, col freddo e colla fame, infino alla notte, allora, se noi tante ingiurie e tanta crudeltà e tanti commiati sosterremo pazientemente sanza turbazioni e sanza mormorazione, e penseremo umilemente e caritativamente che quel portinaio veracemente ci cognosca, e che Iddio il faccia parlare contra noi: o frate Leone, scrivi che ivi è perfetta
36 letizia.

37 E se noi perseverremo picchiando, ed egli uscirà

verstünde und alle Wissenschaften und alle Schriften, so daß er weissagen könnte und nicht nur die künftigen Dinge enthüllen, sondern auch die Geheimnisse der Gewissen und der Seelen – schreib, daß darin nicht die vollkommene Glückseligkeit liegt!»

Sie gingen noch ein wenig weiter, da rief der heilige Franziskus abermals laut: «Bruder Leo, Lämmlein Gottes: Wenn auch ein Ordensbruder mit Engelszungen redete, und er wüßte um den Lauf der Sterne und die Eigenschaften der Kräuter, und es wären ihm auch alle Schätze der Erde offenbar, und er hätte auch das Wesen der Vögel und Fische und aller Tiere, der Menschen, Bäume, Steine, Wurzeln und Gewässer erkannt – schreib, daß darin nicht die vollkommene Glückseligkeit liegt!»

Und sie gingen noch ein Stück, da ruft der heilige Franziskus laut: «Bruder Leo: Wenn ein Ordensbruder auch so gut zu predigen verstünde, daß er alle Ungläubigen zum christlichen Glauben bekehrte – schreib, daß darin nicht die wahre Glückseligkeit liegt!»

Gut zwei Meilen schon dauerten diese Reden, da fragte ihn Bruder Leo in großer Verwunderung und sagte: «Vater, ich bitte dich um Gottes willen, du mögest mir sagen, worin die wahre Glückseligkeit liegt.»

Der heilige Franziskus antwortete ihm: «Wenn wir Santa Maria degli Angeli erreichen, ganz durchnäßt vom Regen und durchgefroren von Kälte, von Schlamm beschmutzt und von Hunger geplagt, und an die Klosterpforte klopfen, und der Pförtner kommt voll Zorn und fragt: ‹Wer seid ihr?›, und wir sagen: ‹Wir sind zwei von euren Brüdern›, und er sagt: ‹Ihr redet nicht die Wahrheit, ihr seid vielmehr zwei Schurken, die die Welt betrügen und den Armen die Almosen stehlen, schert euch weg›, und er öffnet uns nicht, sondern läßt uns draußen stehen in Schnee und Regen, frierend und hungrig, bis in die Nacht; wenn wir solches Unrecht und solche Grausamkeit und solches Ausgestoßensein geduldig ertragen, ohne Ärger und Murren, und demütig und in christlicher Liebe denken, daß dieser Pförtner uns wahrhaftig erkennt, daß Gott ihn so gegen uns sprechen läßt – oh, Bruder Leo, schreib, daß darin die wahre Glückseligkeit liegt.

Und wenn wir nicht ablassen zu klopfen und er verärgert

fuori turbato e come gaglioffi importuni ci caccerà con villanie e con gotate, dicendo: ‹Partitevi quinci, ladroncelli vilissimi, andate allo spedale, ché qui non mangerete voi né albergherete›, se noi questo sosterremo pazientemente e con allegrezza e con buono amore: o frate Leone scrivi che qui è perfetta letizia.

E se noi, pur costretti dalla fame e dal freddo e dalla notte, più picchieremo e chiameremo e pregheremo per l'amor di Dio con gran pianto che ci apra e mettaci pur dentro, e quelli più scandalezzato dirà: ‹Costoro sono gaglioffi importuni, io gli pagherò bene come sono degni›, e uscirà fuori con uno bastone nocchieruto, e piglieràcci per lo cappuccio e gitteràcci in terra e involgeràcci nella neve e batteràcci a nodo a nodo con quello bastone; se noi tutte queste cose sosterremo pazientemente e con allegrezza, pensando le pene di Cristo benedetto le quali noi dobbiamo sostenere per lo suo amore: o frate Leone, scrivi che in questo è perfetta letizia.

E però odi la conclusione, frate Leone; sopra tutte le cose e grazie e doni dello Spirito Santo, le quali Cristo concede agli amici suoi, si è di vincere se medesimo, e volentieri per l'amor di Cristi sostenere pene, ingiurie, obbrobri, disagi. Però che in tutti gli altri doni di Dio noi non ci possiamo gloriare, però che non sono nostri ma di Dio, onde dice l'Apostolo: ‹Che hai tu, che tu non l'abbi da Dio? e se tu l'hai avuto da lui, perché te ne glorii come se tu l'avessi da te?› Ma nella croce della tribolazione e della afflizione ci possiamo gloriare, però che questo è nostro. E però dice l'Apostolo: ‹Io non mi voglio gloriare se non nella croce del nostro signore Gesù Cristo.› Al quale sempre sia onore e gloria, *in saecula saeculorum*. Amen. –

herauskommt und uns wie lästige Tölpel mit Schmähungen und Ohrfeigen verjagt und dazu sagt: ‹Schert euch weg von hier, ihr gemeinen Diebe, geht ins Hospiz; denn hier könnt ihr weder essen noch schlafen›, wenn wir das geduldig und in Fröhlichkeit und wahrer Liebe auf uns nehmen – oh, Bruder Leo, schreib, daß darin wahre Glückseligkeit liegt.

Und wenn wir, vom Hunger und der Kälte und der Nacht bedrängt, nur noch mehr klopfen und rufen und um der Liebe Gottes willen unter lautem Weinen bitten, er möge doch öffnen und uns einlassen, und wenn er noch aufgebrachter sagt: ‹Das sind lästige Tölpel, ich werde ihnen verpassen, was ihnen gebührt›, und herauskommt mit einem Knotenstock und uns an der Kapuze packt und zu Boden wirft und uns im Schnee wälzt und uns tüchtig mit dem Stock durchprügelt; wenn wir alle diese Dinge in Geduld und Fröhlichkeit ertragen und dabei der Leiden Christi, des Gesegneten, gedenken, die wir um seiner Liebe willen auf uns nehmen müssen – oh, Bruder Leo, schreib, daß darin die wahre Glückseligkeit liegt.

Nun aber hör den Schluß, Bruder Leo; über allen Dingen und Gnaden und Gaben des Heiligen Geistes, die Christus seinen Freunden gewährt, steht der Sieg über sich selbst, und das freudige Ertragen von Plagen, Unrecht, Schmähungen und Schwierigkeiten um der Liebe Christi willen. Denn aller anderen Gaben Gottes dürfen wir uns nicht rühmen, weil sie nicht aus uns, sondern von Gott kommen, wie der Apostel sagt: ‹Was hast du, das du nicht von Gott hast? Hast du es aber von Gott, was rühmst du dich seiner, als hättest du es aus dir selbst?› Aber unter dem Kreuz der Anfechtung und des Leidens dürfen wir uns rühmen, denn das ist unser. Daher sagt der Apostel: ‹Ich rühme mich keines Gutes als allein des Kreuzes unseres Herrn Jesus Christus.› Ihm sei stets Ehre und Ruhm, *in saecula saeculorum.* Amen.»

Come santo Francesco con frate Leone dìssono mattutino sanza breviario (IX)

Essendo santo Francesco una volta nel principio dell'Ordine, con frate Leone in uno luogo ove non aveano libro da dire l'ufficio divino, quando venne l'ora del mattutino disse santo Francesco a frate Leone: – Carissimo, noi non abbiamo breviario col quale noi possiamo dire il mattutino; ma a ciò che noi spendiamo il tempo in laude di Dio, io dirò e tu mi risponderai come io t'insegnerò; e guarda che tu non muti le parole altrimenti ch'io t'insegnerò. Io dirò così: «O frate Francesco, tu facesti tanti mali e tanti peccati nel secolo, che tu se' degno dello 'nferno», e tu frate Leone risponderai: «Vera cosa che tu meriti lo 'nferno profundissimo.» – E frate Leone, con semplicità colombina, rispuose: – Volentieri, padre; comincia, al nome di Dio.

Allora santo Francesco cominciò a dire: – O frate Francesco, tu facesti tanti mali e tanti peccati nel secolo, che tu se' degno dello 'nferno. – E frate Leone rispuose: – Iddio farà per te tanti beni che tu ne andrai in paradiso. – Disse santo Francesco: – Non dire così, frate Leone, ma quando io dirò: «O frate Francesco, tu hai fatte tante cose inique contro a Dio che tu se' degno di essere maladetto da Dio», e tu rispondi così: «Veramente tu se'degno d'essere messo tra' maladetti.» – E frate Leone risponde: – Volentieri, padre.

Allora santo Francesco, con molte lagrime e sospiri e picchiare di petto, dice ad alta voce: – O Signore mio, Iddio del cielo e della terra, io ho commesso contro a te tante iniquitadi e tanti peccati, che al tutto io sono degno d'essere da te maladetto. – E frate Leone risponde: – O frate Francesco, Iddio ti farà tale che, tra i benedetti, tu sarai singularmente benedetto. – E santo Francesco, maravigliandosi che frate Leone
40 rispondeva pur il contrario di quelle ch'e' gli avea
41 imposto, sì lo riprende dicendo: – Perché non rispondi

Wie der heilige Franziskus und Bruder Leo ohne Brevier das Morgengebet lasen

Einmal war der heilige Franziskus mit Bruder Leo in einem Kloster, wo sie kein Buch hatten, um Gottesdienst zu halten. Als die Stunde des Morgengebets kam, sagte der heilige Franziskus zu Bruder Leo: «Liebster Bruder, wir haben kein Brevier, um daraus das Morgengebet zu lesen; aber damit wir die Zeit mit dem Lob Gottes verbringen, will ich vorsprechen, und du sollst mir antworten, wie ich dich lehren werde; und sieh zu, daß du die Worte nicht verkehrst, die ich dich lehre. Ich werde so sprechen: ‹Bruder Franziskus, du hast so viel Böses getan und so viele Sünden auf Erden begangen, daß du es wert bist, in die Hölle zu kommen.› Und du, Bruder Leo, sollst antworten: ‹Wahrhaftig, du verdienst die unterste Hölle.›» Und Bruder Leo antwortete mit der Einfalt der Taube: «Gern, Vater, beginne im Namen Gottes.»

Also hub der heilige Franziskus an zu sprechen: «Bruder Franziskus, du hast so viel Böses und so viele Sünden begangen, daß du wert bist, in die Hölle zu kommen.» Und Bruder Leo antwortete: «Gott wird durch dich so viel Gutes tun, daß du ins Paradies eingehen wirst.» Sagte der heilige Franziskus: «Sprich nicht so, Bruder Leo, sondern wenn ich sagen werde: ‹Oh Bruder Franziskus, du hast so viel Unrecht wider Gott begangen, daß du es wert bist, von Gott verdammt zu werden›, dann antworte du darauf so: ‹Du bist wahrhaftig wert, unter die Verdammten geworfen zu werden.›» Und Bruder Leo antwortet: «Gern, Vater.»

Also schlägt sich der heilige Franziskus unter vielen Tränen und Seufzern an die Brust und sagt mit lauter Stimme: «Oh mein Herr, Gott des Himmels und der Erde, ich habe so viel Unrecht und Sünden gegen dich begangen, daß ich wert bin, dafür von dir verdammt zu werden.» Und Bruder Leo antwortet: «Bruder Franziskus, Gott wird dich so lenken, daß du der am meisten Gesegnete unter allen Gesegneten sein wirst.» Da wundert sich der heilige Franziskus, daß Bruder Leo gerade das Gegenteil von dem, was er ihm aufgetragen hatte, antwortete, und er tadelt ihn und sagt: «Warum antwortest

tu come t'insegno? Io ti comando per santa obbedienza che tu risponda come io t'insegnerò. Io dirò così: «O frate Francesco cattivello, pensi tu che Iddio avrà misericordia di te, con ciò sia cosa che tu abbi commessi tanti peccati contra al Padre delle misericordie e Iddio d'ogni consolazione, che tu non se' degno di trovare misericordia?» E tu, frate Leone pecorella, risponderai: «Per niuno modo se' degno di trovare misericordia.»

Ma poi quando santo Francesco disse: – O frate Francesco cattivello, ecc. – e frate Leone rispuose: – Iddio padre, la cui misericordia è infinita più che il peccato tuo, farà a te grande misericordia, e sopra essa t'aggiugnerà molte grazie –, a questa risposta santo Francesco, dolcemente adirato e pazientemente turbato, disse a frate Leone: – Perché hai tu avuto presunzione di fare contro all'ubbidienza, e già cotante volte hai risposto il contrario di quel ch'io t'ho detto e imposto? – Risponde frate Leone molto umilemente e riverentemente: – Iddio il sa, padre mio, che ogni volta io m'ho posto in cuore di rispondere come tu m'hai comandato, ma Iddio mi fa parlare secondo che piace a lui e non secondo che piace a me.

Di che santo Francesco si maravigliò, e disse a frate Leone: – Io ti prego, carissimamente, che questa volta tu mi risponda com'io t'ho detto. – Rispuose frate Leone: – Dì, al nome di Dio, che per certo questa volta io risponderò come tu vuogli. – E santo Francesco lagrimando disse: – O frate Francesco cattivello, pensi tu che Iddio abbi misericordia di te, ecc. – Risponde frate Leone: – Anzi, grande grazia riceverai da Dio, ed esalteràtti e glorificheràtti in eterno, però che chi s'aumilia sarà esaltato. E io non posso altro dire, però che Iddio parla per la bocca mia.

E così, in questa umile contenzione, con molte lagrime e con molta consolazione spirituale, sì vegghiarono infino a dì. A laude di Cristo. Amen.

du nicht, wie ich es dich lehre? Ich befehle dir beim heiligen Gehorsam, daß du antwortest, wie ich dich lehre. Ich werde sagen: ‹Elender Bruder Franziskus, glaubst du, Gott wird Erbarmen mit dir haben, wo du so viele Sünden wider den Vater des Erbarmens und Gott allen Trostes begangen hast, daß du nicht wert bist, Erbarmen zu finden?›

Und du, Bruder Leo, sollst antworten: ‹Du bist nicht im geringsten wert, Erbarmen zu finden.›»

Aber als dann der heilige Franziskus sagte: «Elender Bruder Franziskus, ...» antwortete Bruder Leo: «Gott Vater, dessen Erbarmen unendlich viel größer ist als deine Sünde, wird dir großes Erbarmen erweisen und dir dazu viele Gnaden gewähren.» Auf diese Antwort hin sagte der heilige Franziskus in sanftem Zorn und geduldigem Ärger zu Bruder Leo: «Warum maßt du dir an, dem Gehorsam zuwiderzuhandeln und hast schon so viele Male das Gegenteil von dem geantwortet, was ich dir gesagt und aufgetragen habe?» Da antwortet Bruder Leo in aller Demut und Ehrerbietung: «Gott weiß es, mein Vater, daß ich mir jedesmal im Herzen vorgenommen habe, zu antworten, wie du mir aufgetragen hast, aber Gott macht mich reden, wie es ihm gefällt, und nicht, wie es mir gefällt.»

Darüber wunderte sich der heilige Franziskus, und er sagte zu Bruder Leo: «Ich bitte dich innigst, du mögest mir dieses Mal antworten, wie ich dir gesagt habe.» Da antwortete Bruder Leo: «Sprich in Gottes Namen, und ich will dir dieses Mal ganz sicher antworten, wie du willst.» Und der heilige Franziskus sagte unter Tränen: «Elender Bruder Franziskus, glaubst du, Gott werde Erbarmen mit dir haben ...» Da antwortet Bruder Leo: «Du wirst sogar große Gnade von Gott erfahren, und er wird dich erhöhen und rühmen in Ewigkeit, denn wer sich erniedrigt, der wird erhöht werden. Und anderes kann ich nicht sagen, denn Gott spricht aus meinem Mund.»

So wachten sie über diesem demütigen Wettstreit unter vielen Tränen und geistlichem Trost bis Tagesanbruch. Zum Lobe Christi. Amen.

Come frate Masseo tentò santo Francesco (x)

Dimorando una volta santo Francesco nel luogo della Porziuncola con frate Masseo di Marignano, uomo di grande santità e discrezione e grazia nel parlare di Dio, per la qual cosa santo Francesco molto l'amava, un dì, tornando santo Francesco della selva dall'orazione, ed essendo all'uscire della selva, il detto frate Masseo volle provare sì come santo Francesco fusse umile; e féceseli incontro e, quasi proverbiandolo, gli disse: – Perché a te? perché a te? perché a te? – E santo Francesco rispuose: – Che è quello che tu vuogli dire? – Disse frate Masseo: – Dico, perché a te tutto il mondo viene dietro, e ogni persona pare che disìderi di vederti e d'udirti e d'ubbidirti? tu non se' bello uomo di corpo, tu non se' di grande scienzia, tu non se' nobile; donde dunque a te, che tutto il mondo ti viene dietro?

Udendo questo, santo Francesco, tutto rallegrato in spirito, rizzando la faccia in cielo, per grande spazio stette colla mente levata in Dio; e poi ritornò in sé e sì si inginocchiò e rendé laude e grazie a Dio, e poi con grande fervore di spirito si rivolse a frate Masseo e disse: – Vuogli sapere perché a me? vuogli sapere perché a me? vuogli sapere perché a me, che tutto il mondo me viene dietro? questo ho io da quegli occhi dell'altissimo Iddio, i quali in ogni luogo contemplano i buoni e' rei; però che quegli occhi santissimi non hanno veduto, tra' peccatori, niuno più vile, né più insufficiente, né più grande peccatore che me; e però a fare quella operazione maravigliosa la quale egli intende di fare, non ha trovato più vile creatura sopra la terra; e però ha eletto me per confondere la nobilità e la grandigia e la bellezza e la fortezza e la sapienzia del mondo, a ciò che si cognosca che ogni virtù e ogni bene è da lui, e non dalla creatura, e niuna persona si possa
44 gloriare nel cospetto suo, ma, chi si gloria, si glorii
45 nel Signore, a cui è ogni onore e gloria in eterno.

Wie Bruder Masseo den heiligen Franziskus versuchte

Einmal weilte der heilige Franziskus mit Bruder Masseo von Marignano im Kloster von Porziuncola. Der war ein Mann von großer Heiligkeit und Urteilskraft und ein begnadeter Prediger, weshalb ihn der heilige Franziskus sehr liebte. Eines Tages, als der heilige Franziskus vom Gebet aus dem Wald zurückkehrte und gerade aus dem Wald heraustrat, wollte besagter Bruder Masseo prüfen, wie demütig der heilige Franziskus sei; und er trat ihm entgegen und sagte beinahe tadelnd zu ihm: «Warum dir? warum dir? warum dir?» Der heilige Franziskus erwiderte: «Was ist es, was willst du mir sagen?» Da sprach Bruder Masseo: «Ich sage, warum läuft dir alle Welt nach und jeder scheint dich sehen und hören und dir gehorchen zu wollen? Du bist nicht schön von Gestalt, du bist kein Mann großen Wissens, du bist nicht von edlem Geschlecht; was ist denn an dir, daß alle Welt dir nachläuft?»

Da der heilige Franziskus das hörte, richtete er fröhlichen Geistes das Gesicht zum Himmel und geraume Weile stand er so, die Gedanken zu Gott erhoben; dann kam er wieder zu sich und kniete nieder und lobte Gott und dankte ihm; und dann wandte er sich voller Inbrunst Bruder Masseo zu und sagte: «Willst du wissen, warum mir? willst du wissen, warum mir? willst du wissen warum gerade mir alle Welt nachläuft? Das verdanke ich den Augen des Allerhöchsten, die allerorten die Guten und die Bösen sehen; und also haben diese allerheiligsten Augen unter allen Sündern keinen elenderen, keinen unzulänglicheren, keinen größeren Sünder gesehen als mich, und so hat er also kein elenderes Geschöpf auf Erden gefunden, um das wunderbare Werk zu vollbringen, das er zu tun gedenkt; und so hat er also mich erwählt, um den Adel und die Macht und die Schönheit und die Stärke und die Weisheit der Welt zu beschämen; auf daß erkannt werde, daß alle Tugend und alles Gute von ihm sind, nicht von den Geschöpfen, und keiner sich rühmen darf vor seinem Angesicht; wer aber sich rühmt, der rühme sich des Herrn, dem alle Ehre und aller Ruhm in Ewigkeit gebühren.»

Allora frate Masseo, a così umile risposta, detta con tanto fervore, si spaventò, e cognobbe certamente che santo Francesco era veramente fondato in vera umilità. A laude di Cristo. Amen.

Come santo Francesco volle umiliare frate Masseo (XII)

Santo Francesco, volendo umiliare frate Masseo, a ciò che per molti doni e grazie che Iddio gli dava non si levasse in vanagloria, ma per virtù dell'umilità crescesse con essi di virtù in virtù, una volta ch'egli dimorava in uno luogo solitario, con quegli primi suoi compagni veramente santi, de' quali era il detto frate Masseo, disse un dì a frate Masseo dinanzi a tutti i compagni: – O frate Masseo, tutti questi tuoi compagni hanno la grazia della contemplazione e della orazione, ma tu hai la grazia della predicazione della parola di Dio, a soddisfare al popolo; e però io voglio, a ciò che costoro possano intendere alla contemplazione, che tu facci l'ufficio della porta e della limosina e della cucina. E quando gli altri frati mangeranno, tu mangerai fuori della porta del luogo, sì che a quegli che verranno al luogo, innanzi che pìcchino, tu satisfaccia loro di qualche buona parola di Dio, sì che non bisogni niuno altro andare fuori a loro, altri che tu. E questo fa per merito della santa obbedienza.

Allora frate Masseo si trasse il cappuccio e inchinò il capo, e umilemente ricevette e proseguitò la santa
46 obbedienza, per più dì facendo l'ufficio della porta e
47 della limosina e della cucina. Di che i compagni, come

Da erschrak Bruder Masseo ob dieser demütigen und leidenschaftlich vorgebrachten Antwort, und erkannte mit Gewißheit, daß der heilige Franziskus wahrhaftig in der wahren Demut wurzelte. Zum Lobe Christi. Amen.

Wie der heilige Franziskus Bruder Masseo demütigen wollte

Der heilige Franziskus wollte Bruder Masseo demütigen, damit er sich der vielen Gaben und Gnaden, die Gott ihm gegeben hatte, nicht überheblich rühme, sondern durch sie in wahrer Demut an Tugendhaftigkeit noch gewinne. Als er einmal mit seinen ersten wahrlich heiligen Gefährten, unter denen der besagte Bruder Masseo war, in einem einsamen Kloster weilte, sagte er eines Tages vor sämtlichen Mitbrüdern zu Bruder Masseo: «Oh Bruder Masseo, alle deine Gefährten haben die Gnade der Versenkung und des Gebets, du aber hast die Gnade, das Wort Gottes zu predigen, um das Volk zu sättigen. Daher will ich, damit jene sich in Betrachtung versenken können, daß du den Dienst an der Pforte und in der Küche tust und die Verteilung der Almosen übernimmst. Und wenn die anderen Brüder zu Tische sitzen, wirst du vor der Klosterpforte essen, damit du jene, die zum Kloster kommen, mit ein paar guten Worten von Gott zufriedenstellen kannst, noch ehe sie klopfen, damit kein anderer außer dir zu ihnen hinaus gehen muß. Und das tu in der Pflicht des heiligen Gehorsams.»

Da nahm Bruder Masseo die Kapuze ab und neigte sein Haupt und unterwarf sich in heiligem Gehorsam und verblieb in ihm. Durch mehrere Tage hindurch versah er den Dienst an der Pforte und in der Küche und verteilte die Almosen. Da

uomini illuminati da Dio, cominciarono a sentire ne' cuori loro grande rimordimento, considerando che frate Masseo era uomo di grande perfezione come eglino o più, e a lui era posto tutto il peso del luogo e non a loro. Per la qual cosa e' si mossero, tutti d'uno volere, e andarono a pregare il padre santo che gli piacesse di distribuire tra loro quegli uffici, però che le loro coscienzie per niuno modo potevano sostenere che frate Masseo portasse tante fatiche.

Udendo questo, santo Francesco sì credette a' loro consigli e acconsentì alle loro volontà, e chiamando frate Masseo sì gli disse: – Frate Masseo, i tuoi compagni vogliono fare parte degli uffici ch'io t'ho dati, e però io voglio che i detti uffici si dividano. – Dice frate Masseo, con grande umilità e pazienza: – Padre, ciò che tu m'imponi, o di tutti o di parte, tutto il reputo fatto da Dio. – Allora santo Francesco, veggendo la carità di coloro e la umilità di frate Masseo, fece loro una predica maravigliosa della santissima umilità, ammaestrandogli che, quanto maggior doni e grazie ci dà Iddio, tanto noi dobbiamo essere più umili, però che, sanza la umilità, niuna virtù è accettabile a Dio. E, fatta la predica, distribuì gli uffici con grandissima carità. A laude di Cristo. Amen.

Come santo Francesco, andando verso Francia, levò frate Masseo, col fiato, in aria e gittòllo dinanzi a sé (XIII)

Il maraviglioso servo e seguitatore di Cristo, messere santo Francesco, per conformasi perfettamente a Cristo in ogni cosa, il quale, secondo che dice il Vangelio, mandò i suoi discepoli a due a due a tutte quelle città e luoghi dov'egli dovea andare, da poi che, ad esemplo di Cristo, egli ebbe ragunati dodici compagni, sì gli mandò per lo mondo a predicare a due a due. E per

begannen die Gefährten, die von Gott erleuchtete Männer waren, Gewissensbisse im Herzen zu spüren; denn sie bedachten, daß Bruder Masseo ein Mann von ebenso großer oder noch größerer Vollkommenheit war als sie, auf ihm aber lastete die ganze Sorge für das Kloster, auf ihnen dagegen nichts. Einmütig machten sie sich daher auf und gingen zu dem heiligen Vater, um ihn zu bitten, es möge ihm gefallen, die Aufgaben unter ihnen zu verteilen, da sie es in ihrem Gewissen unmöglich zu ertragen vermöchten, daß auf Bruder Masseo solche Mühen lasteten.

Als der heilige Franziskus dies hörte, nahm er ihren Rat an und stimmte ihrem Wunsch zu. Er rief Bruder Masseo und sprach zu ihm: «Bruder Masseo, deine Gefährten wollen Anteil haben an den Pflichten, die ich dir zugewiesen habe, und daher will ich, daß diese Pflichten aufgeteilt werden.» Da sagt Bruder Masseo in großer Demut und Geduld: «Vater, was du mir auferlegst, sei es das Ganze oder ein Teil, ich erachte es als gottgewollt.» Da nun der heilige Franziskus die Liebe der Brüder und die Demut des Bruders Masseo sah, hielt er ihnen eine wunderbare Predigt über die allerheiligste Demut und lehrte sie, daß wir umso demütiger sein müssen, je größere Gaben und Gnaden Gott uns gibt, ist doch ohne Demut keine Tugend Gott wohlgefällig. Und nach der Predigt verteilte er in aufrichtiger Liebe die Pflichten. Zum Lobe Christi. Amen.

Wie der heilige Franziskus auf dem Weg nach Frankreich Bruder Masseo anblies, so daß er ihn vom Boden in die Luft hob und ein Stück weit vor sich hinwarf

Der wunderbare Diener und Nachfolger Christi, der Herr Sankt Franziskus, wollte sich in allem ganz vollkommen nach Christus richten, der, wie es im Evangelium heißt, seine Jünger jeweils zu zweien in alle Städte und Orte schickte, die er aufsuchen wollte. Als er nach dem Beispiel Christi, zwölf Gefährten um sich geschart hatte, schickte er sie jeweils zu zweien in die Welt, zu predigen. Und um ihnen ein Beispiel

dare loro esemplo di vera obbedienza, egli in prima cominciò ad andare, ad esemplo di Cristo, il quale cominciò prima a fare che a insegnare.

Onde, avendo assegnato a' compagni l'altre parti del mondo, egli, prendendo frate Masseo per compagno, prese il cammino inverso la provincia di Francia. E pervenendo un dì a una villa assai affamati, andarono, secondo le Regole, mendicando del pane per l'amor di Dio. E santo Francesco andò per una contrada, e frate Masseo per un'altra. Ma però che santo Francesco era uomo troppo dispregiato e piccolo di corpo, e però era riputato uno vile poverello da chi nol cognosceva, non accattò se non parecchi bocconi e pezzuoli di pane secco. Ma frate Masseo, però ch'era bello e grande di corpo, sì gli furono dati buoni pezzi, grandi e assai, e del pane intero.

Accattato ch'egli èbbono, sì si ricòlsono insieme, fuori della villa, in uno luogo per mangiare, dove era una bella fonte, e allato a una bella pietra larga, sopra la quale puose ciascuno le limosine ch'egli avea accattato. E veggendo santo Francesco che i pezzi del pane di frate Masseo erano più, e più belli e grandi che' suoi, fece grandissima allegrezza, e disse così: – O frate Masseo, noi non siamo degni di così grande tesoro. – E repetendo queste parole più volte, rispuose frate Masseo: – Padre carissimo, come si può chiamare tesoro, dove è tanta povertà e mancamento di quelle cose che bisognano? qui non è tovaglia né coltello, né taglieri né scodelle, né casa né mensa, né fante né fancella.

Disse allora santo Francesco: – E questo è quello che io reputo grande tesoro, ove non è cosa niuna apparecchiata per industria umana, ma ciò che ci s'è apparecchiato si è dalla provvidenza divina, sì come si vede manifestamente nel pane accattato, nella mensa di pietra così bella, e nella fonte così chiara. E però io voglio che noi preghiamo Iddio che 'l tesoro della santa povertà, così nobile, il quale ha per servidore

wahren Gehorsams zu geben, machte er sich als erster auf den Weg, nach dem Beispiel Christi, der zuerst handelte und dann lehrte.

Als er nun den Gefährten die anderen Teile der Welt zugewiesen hatte, wählte er selbst sich Bruder Masseo als Gefährten und machte sich auf in das Land Frankreich. Eines Tages kamen sie hungrig an einen Ort und begannen, wie die Regel es vorschreibt, um der Liebe Gottes willen um Brot zu betteln. Der heilige Franziskus ging durch einen Stadtteil, und Bruder Masseo durch einen anderen. Da aber der heilige Franziskus ein sehr unansehnlicher und kleiner Mann war, wurde er von den Leuten, die ihn ja nicht kannten, für einen gewöhnlichen Armen gehalten, und er erbettelte nichts als etliche Brocken und Stücke trockenen Brotes. Dem Bruder Masseo aber, der schön und groß gewachsen war, wurden gute Stücke gegeben, große und viele, ja ganze Brote.

Nachdem sie gebettelt hatten, trafen sie außerhalb des Orts an einer Stelle zusammen, um zu essen. Es gab dort eine schöne Quelle, und daneben einen schönen großen Stein, auf den ein jeder die Almosen legte, die er erbettelt hatte. Als der heilige Franziskus sah, daß die Brotstücke Bruder Masseos zahlreicher und schöner und größer waren als seine, da wurde er sehr fröhlich und sagte:

«Oh Bruder Masseo, wir sind eines so großen Schatzes nicht würdig.» Diese Worte wiederholte er mehrmals. Da antwortete Bruder Masseo: «Liebster Vater, wie kann man von einem Schatz sprechen, wo solche Armut ist und die notwendigen Dinge fehlen? Hier gibt es weder Tischtuch noch Messer, weder Schneidbrett noch Schüssel, weder Haus noch Tisch, weder Knecht noch Magd.»

Darauf sagte der heilige Franziskus: «Das ist es, was mir als ein großer Schatz erscheint: Nichts ist durch menschliches Bemühen bewirkt worden; sondern was da ist, kommt aus der Vorsehung Gottes, wie sie in dem erbettelten Brot, in diesem steinernen Tisch, der so schön, und in dieser Quelle, die so klar ist, offenbar wird. Darum will ich, daß wir Gott bitten, er möge uns den Schatz der heiligen Armut, die so edel ist, daß selbst Gott sich ihr unterworfen hat, von ganzem Herzen lieben

Iddio, ci faccia amare con tutto il cuore. – E dette queste parole, e presa la refezione corporale, e fatta l'orazione, si levarono per camminare in Francia.

E giugnendo a una chiesa, disse santo Francesco al compagno: – Entriamo in questa chiesa a orare. – E vàssene santo Francesco dietro allo altare, e pónsi in orazione: in quella orazione ricevette dalla divina visitazione sì eccessivo fervore, il quale infiammò si fattamente l'anima sua ad amore della santa povertà che, tra per lo colore della faccia e per lo nuovo sbadigliare della bocca, pareva ch'e' gittasse fiamme d'amore.

E venendo così affocato al compagno, sì gli disse: – A, a, a, frate Masseo, dammi te medesimo. – E cosí disse tre volte, e nella terza volta santo Francesco col fiato levò frate Masseo in aria, e gittòlo dinanzi a sé per ispazio d'una grande asta. Di che esso frate Masseo ebbe grandissimo stupore, e recitò poi a' compagni che in quello levare e sospignere col fiato, il quale gli fece santo Francesco, e' sentì tanta dolcezza d'animo e consolazione dello Spirito Santo, che mai in vita sua non ne sentì tanta. A laude di Cristo. Amen.

Come gli ascesani corsono a Santa Maria degli Angeli per ispegnere il fuoco (xv)

Santo Francesco, quando stava ad Ascesi, spesse volte
52 visitava santa Chiara, dandole santi ammaestramenti.
53 E avendo ella grandissimo desiderio di mangiare una

lassen.» Nach diesen Worten nahmen sie die Nahrung für den Leib zu sich; nach dem Gebet machten sie sich auf, um nach Frankreich zu gehen.

Als sie zu einer Kirche kamen, sagte der heilige Franziskus zu seinem Gefährten: «Gehen wir in diese Kirche hinein, um zu beten.» Und der heilige Franziskus ging hinter den Altar und sammelte sich zum Gebet. Während dieses Gebets wurde ihm durch göttliche Heimsuchung so ungeheuere Inbrunst zuteil und seine Seele entzündete sich so an der Liebe zur heiligen Armut, daß es schien, als strahlten bei jedem Öffnen des Mundes Flammen der Liebe aus seinem glühenden Gesicht.

Und als er dermaßen entflammt zu seinem Gefährten kam, sagte er zu ihm: «Ah, ah, ah, Bruder Masseo, überlasse dich mir einmal.» Dreimal sagte er so, und beim dritten Mal hob der heilige Franziskus mit seinem Atem Bruder Masseo vom Boden auf und ließ ihn einen guten Speerwurf weit von sich entfernt wieder landen. Darüber erstaunte Bruder Masseo sehr, und er erzählte später den Gefährten, er habe während dieses Aufhebens und Fortbewegens durch den Atem des heiligen Franziskus solche Süße in seiner Seele und Trost durch den heiligen Geist empfunden wie noch nie in seinem Leben. Zum Lobe Christi. Amen.

Wie die Bewohner von Assisi zur Kirche Santa Maria degli Angeli liefen, um das Feuer zu löschen

Wenn der heilige Franziskus in Assisi weilte, besuchte er häufig die heilige Clara und erteilte ihr heilige Lehren. Obwohl sie aber den großen Wunsch hatte, einmal mit ihm zusammen

volta con lui, e di ciò pregandolo molte volte, egli non le voleva mai fare quella consolazione. Onde, veggendo i suoi compagni il disiderio di santa Chiara, dìssono a santo Francesco: – Padre, a noi pare che questa rigidità non sia secondo la carità divina, che suora Chiara vergine, così santa, a Dio diletta, tu non esaudisca in così piccola cosa come è mangiare teco; e spezialmente considerando che ella per la tua predicazione abbandonò le ricchezze e le pompe del mondo. E di vero, se ella t'addomandasse maggior grazia che questa non è, sì la dovresti fare alla tua pianta spirituale.

Allora santo Francesco rispuose: – Pare a voi che io la debba esaudire? – Rispuosono i compagni: – Padre, sì; degna cosa è che tu le faccia questa consolazione.

Disse allora santo Francesco: – Da poi che pare a voi, pare ancora a me; ma a ciò ch'ella sia più consolata, io voglio che questo mangiare si faccia in Santa Maria degli Angeli, però ch'ella è stata lungo tempo rinchiusa in Santo Damiano, sì che le gioverà di vedere un poco il luogo di Santa Maria, ove ella fu tonduta e fatta sposa di Gesù Cristo; e ivi mangeremo insieme, al nome di Dio.

Vegnendo adunque il dì ordinato a ciò, santa Chiara esce dal monasterio, con una compagna, e accompagnata da' compagni di santo Francesco viene a Santa Maria degli Angeli. E salutata divotamente la vergine Maria, dinanzi al suo altare ove ella era stata tonduta e velata, sì la menarono veggendo il luogo, infino a tanto ch'e' fu ora di desinare.

E in questo mezzo fece santo Francesco apparecchiare la mensa in sulla piana terra, sì come era usato di fare. E fatta l'ora di desinare, si pongono a sedere insieme santo Francesco e santa Chiara, e uno dei compagni di santo Francesco colla compagna di santa Chiara; e poi tutti gli altri compagni s'acconciarono alla mensa, umilmente. E, per la prima vivanda, santo Francesco cominciò a parlare di Dio, sì soavemente e sì

zu speisen und ihn oft darum bat, wollte er es ihr nie gewähren. Als seine Gefährten den Wunsch der heiligen Clara erkannten, sagten sie zu dem heiligen Franziskus: «Vater, uns scheint, daß diese Strenge, mit welcher du der Schwester Clara, einer so heiligen, von Gott geliebten Jungfrau, den kleinen Wunsch, gemeinsam mit dir zu speisen, nicht erfüllst, nicht im Einklang steht mit der göttlichen Liebe.

Es ist doch zu bedenken, daß sie auf deine Predigt hin dem Reichtum und Prunk dieser Welt entsagt hat. Wahrhaftig, auch wenn sie dich um einen größeren Gefallen als diesen bäte, du müßtest ihn ihr erweisen, denn sie ist deines Geistes Kind.»

Da antwortete der heilige Franziskus: «Meint ihr, daß ich ihren Wunsch erhören soll?» Die Gefährten antworteten: «Ja, Vater; sie ist es wert, daß du ihr diesen Liebesdienst tust.»

Da antwortete der heilige Franziskus: «Da es euch so erscheint, erscheint es auch mir gerecht; aber damit sie größeren Trost daraus schöpfe, möchte ich, daß dieses Mahl in Santa Maria degli Angeli stattfindet. Ist sie doch lange Zeit in San Damiano eingeschlossen gewesen, da wird es ihr gut tun, wieder einmal das Kloster von Santa Maria zu sehen, wo man ihr die Haare abgeschnitten hat und sie die Braut Jesu Christi wurde; dort wollen wir im Namen Gottes speisen.»

Als nun der festgesetzte Tag kommt, verläßt die heilige Clara mit einer Gefährtin das Kloster und kommt, von den Gefährten des heiligen Franziskus begleitet, zu Santa Maria degli Angeli. Andächtig grüßt sie die Jungfrau Maria an dem Altar, an dem man ihr die Haare abgeschnitten und den Schleier gegeben hatte; dann zeigten sie ihr bis zur Stunde des Mahls das Kloster.

Inzwischen läßt der heilige Franziskus den Tisch zu ebener Erde decken, wie er es immer hielt. Und als die Stunde des Mahls gekommen ist, setzen sich der heilige Franziskus und die heilige Clara nebeneinander,

und einer der Gefährten des heiligen Franziskus neben die Gefährtin der heiligen Clara; dann nahmen auch alle anderen Brüder demütig am Tische Platz. Und während des ersten Gerichts begann der heilige

altamente e sì maravigliosamente che, discendendo sopra di loro l'abbondanza della divina grazia, tutti furono in Dio ratti.

E stando così ratti, con gli occhi e colle mani levati in cielo, gli uomini d'Ascesi e di Bettona e quegli della contrada d'intorno vedevano che Santa Maria degli Angeli e tutto il luogo, e la selva ch'era allora allato al luogo, ardevano fortemente, e pareva che fusse uno fuoco grande che occupasse la chiesa e 'l luogo e la selva insieme. Per la qual cosa gli ascesani con gran fretta córsono laggiù per ispegnere il fuoco, credendo fermamente che ogni cosa ardesse. Ma giugnendo al luogo e non trovando ardere nulla, entrarono dentro e trovòrono santo Francesco con santa Chiara e con tutta la loro compagnia ratti in Dio per contemplazione, e sedere intorno a quella mensa umile.

Di che essi certamente compresono che quello era stato fuoco divino, e non materiale, il quale Iddio avea fatto apparire miracolosamente, a dimostrare e significare il fuoco del divino amore, del quale ardevano l'anime di quelli santi frati e sante monache. Onde, e' si partirono, con grande consolazione ne' cuori loro e con santa edificazione. Poi, dopo grande spazio ritornando in sé santo Francesco e santa Chiara insieme con gli altri, e sentendosi bene confortati del cibo spirituale, poco si curòrono del cibo corporale. E così, compiuto quello benedetto desinare, santa Chiara, bene accompagnata, si ritornò a Santo Damiano.

Di che le suore, veggendola, ebbono grande allegrezza, però ch'elle temevano che santo Francesco non l'avesse mandata a reggere qualche altro monasterio, sì come avea già mandato suora Agnesa, santa sua sirocchia, per badessa, a reggere il monasterio di Monticelli in Firenze. E santo Francesco alcuna volta avea detto a santa Chiara: – Apparécchiati, se bisognasse ch'io ti mandasse in alcuno luogo – ed ella,
56 come figliuola della santa obbedienza, avea risposto:
57 – Padre, io sono sempre apparecchiata ad andare do-

Franziskus so süß und erhebend und wunderbar von Gott zu reden, daß sich die Fülle der göttlichen Gnade über sie herabsenkte und alle zu Gott entrückt waren.

Während sie so in Verzückung verharrten, Augen und Hände zum Himmel erhoben, sahen die Leute in Assisi und Bettona und der umliegenden Gegend, daß Santa Maria degli Angeli und das ganze Kloster und der Wald, der damals an das Kloster grenzte, in hellen Flammen standen; ja, es schien, als hätte ein großes Feuer gleichzeitig die Kirche, das Kloster und den Wald ergriffen. Daher liefen die Bewohner von Assisi eilig herbei, um das Feuer zu löschen, glaubten sie doch fest, daß alles brenne. Als sie aber zum Kloster kamen und kein Feuer entdeckten, gingen sie hinein und fanden den heiligen Franziskus und die heilige Clara mit ihrer ganzen Gemeinschaft um den bescheidenen Tisch sitzen. Sie alle waren in der Betrachtung Gottes entrückt.

Da verstanden sie nun wohl, daß es ein göttliches und kein irdisches Feuer gewesen war, das Gott wunderbarer Weise hatte aufleuchten lassen, um das Feuer der göttlichen Liebe deutlich sichtbar zu machen, in dem die Seelen dieser heiligen Brüder und heiligen Schwestern brannten. Da gingen sie wieder; in ihren Herzen aber war Trost und heilige Erbauung. Nach geraumer Weile kamen der heilige Franziskus und die heilige Clara wie auch die anderen wieder zu sich und fühlten sich wohl gelabt mit göttlicher Speise, und wenig kümmerten sie sich um die Speise des Leibes. Als aber dieses gesegnete Mahl beendet war, kehrte die heilige Clara wohl begleitet nach San Damiano zurück.

Als die Schwestern sie sahen, wurden sie sehr fröhlich, denn sie hatten gefürchtet, der heilige Franziskus könnte sie zur Führung irgend eines anderen Klosters entsandt haben, wie er schon Agnes, ihre heilige Schwester, als Äbtissin zur Leitung des Klosters von Monticelli in Florenz entsandt hatte. Bereits einige Male hatte der heilige Franziskus der heiligen Clara gesagt: «Rüste dich, es könnte notwendig sein, daß ich dich in irgend ein anderes Kloster entsende», und sie hatte in heiligem Gehorsam wie eine Tochter zur Antwort gegeben: «Vater, ich bin immer gerüstet dorthin zu

vunque voi mi manderete. – E però le suore si rallegrarono molto, quando la rièbbono; e santa Chiara rimase, d'allora innanzi, molto consolata. A laude di Cristo. Amen.

Come santo Francesco dubitò qual dovesse fare, o predicare o orare (XVI)

L'umile servo di Dio santo Francesco, poco tempo dopo la sua conversione, avendo già ragunati molti compagni e ricevuti all'Ordine, entrò in grande pensiero e in grande dubitazione di quel ch'e' dovessi fare, o d'intendere solamente a orare, o alcuna volta al predicare; e sopra ciò disiderava molto di sapere la volontà di Dio. E però che la santa umilità che era in lui, non lo lasciava presumere di sé né di sue orazioni, pensò di cercare la volontà divina colle orazioni altrui.

Onde, egli chiamò frate Masseo e dìssegli così: – Va a suora Chiara, e dille da mia parte ch'ella con alcuna delle più spirituali compagne divotamente preghino Iddio, che gli piaccia di mostrarmi qual sia il meglio: o che io intenda al predicare, o solamente all'orazione. Poi va a frate Silvestro, e digli il simigliante.

Costui era stato, nel secolo, quello messere Silvestro il quale avea veduto una croce d'oro procedere della bocca di santo Francesco, la quale era lunga insino al cielo e larga insino all'estremità del mondo. Ed era questo frate Silvestro di tanta santità, che ciò

gehen, wohin Ihr mich senden wollt.» Daher freuten sich die Schwestern sehr, als sie wieder unter ihnen weilte; und die heilige Clara blieb von nun an getrost. Zum Lobe Christi. Amen.

Wie der heilige Franziskus zweifelte, ob er predigen oder beten sollte

Der demütige Diener Gottes, der heilige Franziskus, hatte schon bald nach seiner Bekehrung viele Gefährten um sich versammelt und in den Orden aufgenommen, als ihm viele Gedanken und große Zweifel kamen, was er tun solle: sich allein dem Gebet widmen oder bisweilen auch predigen. Er verlangte sehr danach, Gottes Willen zu erfahren. Und da er in seiner heiligen Demut nicht annahm, den göttlichen Willen von sich aus oder kraft eigenen Gebetes erforschen zu können, beschloß er, ihn durch das Gebet anderer zu erfahren.

Also rief er Bruder Masseo und sagte zu ihm: «Geh zu Schwester Clara und richte ihr von mir aus, sie möge mit einer ihrer frömmsten Gefährtinnen Gott demütig bitten, es möge ihm gefallen, mir zu weisen, was besser ist: daß ich mich dem Predigen widme, oder nur dem Gebet. Dann geh zu Bruder Silvester und sag ihm das gleiche.»

Dieser Bruder war, als er noch in der Welt lebte, jener Herr Silvester gewesen, der gesehen hatte, wie ein goldenes Kreuz aus dem Mund des heiligen Franziskus hervorging, das bis zum Himmel reichte und bis zu den äußersten Grenzen der Welt. Dieser Bruder Silvester war von solcher Heiligkeit, daß Gott

che chiedeva a Dio impetrava ed era esaudito; e spesse volte parlava con Dio, e però santo Francesco avea in lui grande divozione.

Andònne frate Masseo, e secondo il comandamento di santo Francesco fece la imbasciata prima a santa Chiara e poi a frate Silvestro. Il quale, ricevuta che l'ebbe, immantanente si gittò in orazione. E orando, ebbe la divina risposta; e tornò a frate Masseo, e disse così: – Questo dice Iddio che tu dica a frate Francesco: che Iddio non l'ha chiamato in questo stato solamente per sé, ma a ciò che faccia frutto dell'anime, e molti per lui sieno salvati. – Avuta questa risposta, frate Masseo torna a santa Chiara, a sapere quello ch'ella avea impetrato da Dio; ed ella rispuose che ella e l'altra compagna aveano avuto da Dio quella medesima risposta la quale avea avuta frate Silvestro.

Con questo, ritorna frate Masseo a santo Francesco, e santo Francesco il ricevé con grandissima carità, lavandogli i piedi e apparecchiandogli disinare; e dopo il mangiare santo Francesco chiama frate Masseo nella selva, e qui dinanzi a lui s'inginocchia, e tràesi il cappuccio facendo croce delle braccia, e domàndalo: – Che comanda il mio signore Gesù Cristo? – Rispuose frate Masseo che a frate Silvestro e a suora Chiara e alla sirocchia Cristo avea risposto e rivelato che la sua volontà si è che – Tu vada per lo mondo a predicare, però ch'egli non t'ha eletto pur per te solo, ma eziandio per salute degli altri.

Allora santo Francesco, udita ch'ebbe questa risposta, e conosciuto per essa la volontà di Cristo, si levò su e con grandissimo fervore disse: – Andiamo, al nome di Dio. – E prendé per compagno frate Masseo e frate Agnolo, uomini santi. E andando con impeto di spirito sanza considerare via o sèmita, e' giùnsono a uno castello che si chiama Cannario.

E santo Francesco si puose a predicare, comandando
60 prima alle rondini, che cantavano, ch'elle tenéssono
61 silenzio infino a tanto ch'egli avesse predicato. E le

Jungen. Gar sehr liebt euch der Schöpfer, denn er erweist euch viele Wohltaten; darum hütet euch, meine Geschwister, vor der Sünde der Undankbarkeit und seid stets bedacht, Gott zu loben.»

Während der heilige Franziskus so zu ihnen redete, begannen alle Vögel die Schnäbel zu öffnen, die Hälse zu recken, die Flügel auszubreiten und ehrerbietig die Köpfe bis zur Erde zu neigen; mit Bewegungen und Gesang zeigten sie, daß die Worte des heiligen Vaters ihnen sehr große Freude bereiteten. Der heilige Franziskus freute sich herzlich mit ihnen und war fröhlich; er wunderte sich sehr über die Menge der Vögel, über ihre Schönheit und Vielfalt und über ihre Aufmerksamkeit und Zutraulichkeit. Deshalb lobte er mit ihnen gemeinsam voller Hingabe den Schöpfer.

Als die Predigt dann zu Ende war, segnete der heilige Franziskus sie mit dem Zeichen des Kreuzes und erlaubte ihnen aufzufliegen. Da erhoben sich alle diese Vögel unter wunderbarem Gesang in einem einzigen Schwarm in die Lüfte. Dann flogen sie, in der Form des Kreuzes, das der heilige Franziskus über sie gemacht hatte, in vier Richtungen auseinander. Die einen flogen nach Osten, die anderen nach Westen, die dritten gegen Mittag und die vierten gegen Mitternacht; jeder Schwarm sang ganz wunderbar und bezeugte damit, wie der heilige Franziskus, der Herold Christi, ihnen gepredigt und das Zeichen des Kreuzes über sie gemacht hatte. Gemäß diesem Zeichen verteilten sie sich singend in die vier Weltgegenden, wie auch die Predigt vom Kreuz Christi durch den heiligen Franziskus neu belebt und durch ihn und seine Brüder in die ganze Welt gebracht werden sollte. Die Brüder aber stellten ihr Leben einzig und allein unter die Vorsehung Gottes, genau wie die Vögel, die nichts auf dieser Erde ihr eigen nennen. Zum Lobe Christi. Amen.

D'uno fanciullo che tramortì, vedendo santo Francesco parlare con Cristo (XVII)

Uno fanciullo, molto puro e innocente, fu ricevuto all'Ordine vivendo santo Francesco; e stando in uno luogo piccolo, nel quale i frati per necessità dormivano in campo per letto, venne santo Francesco una volta al detto luogo. E la sera, detta compieta, s'andò a dormire, per potersi levare la notte a orare quando gli altri frati dormìssono, come era usato di fare.

Il detto fanciullo si puose in cuore di spiare, sollecitamente, le vie di santo Francesco, per potere conoscere la sua santità, e spezialmente di sapere quello ch'e' faceva la notte quando si levava. E a ciò che 'l sonno non lo ingannasse, si puose questo fanciullo a dormire allato a santo Francesco, e legò la corda sua con la corda di santo Francesco, per sentirlo quando e' si levasse. E di questo santo Francesco non sentì nulla.

Ma la notte in sul primo sonno, quando tutti i frati dormivano, santo Francesco si lieva e truova la corda sua così legata, e sciògliela sì pianamente che 'l fanciullo non si risentì; e andòssene santo Francesco, solo, nella selva ch'era presso al luogo, ed entrò in una celluzza che v'era e puòsesi in orazione.

Dopo alcuno spazio si destò il fanciullo e, trovando la corda sciolta e santo Francesco essere levato, levòssi su egli e va cercando di lui. E trovando aperto l'uscio onde s'andava nella selva, pensò che santo Francesco fusse ito là; ed entra egli nella selva. E giugnendo presso al luogo ove santo Francesco orava, cominciò a udire uno grande favellare. E appressandosi più per intendere quello che udiva, e' vide una luce mirabile la quale attorniava santo Francesco, e in essa vide Cristo, e la vergine Maria, e santo Giovanni Batista e 'l Vangelista, e grandissima moltitudine d'angeli, i quali parlavano con santo Francesco. Veggendo questo il fanciullo e udendo, cadde in terra tramortito.

Von einem Knaben, dem die Sinne schwanden, als er den heiligen Franziskus mit Christus reden sah

Noch zu Lebzeiten des heiligen Franziskus wurde ein Knabe von großer Reinheit und Unschuld in den Orden aufgenommen. Er lebte in einem kleinen Kloster, in dem die Brüder aus Mangel auf dem bloßen Boden schliefen. Einmal besuchte der heilige Franziskus dieses Kloster. Nach dem Abendgottesdienst legte er sich schlafen, um sich nachts, wenn die anderen Brüder schliefen, zum Gebet zu erheben, wie es seine Gewohnheit war.

Jener Knabe beschloß nun voll Eifer in seinem Herzen, die Wege des heiligen Franziskus zu erforschen, um seine Heiligkeit zu erkennen und um herauszufinden, was er nachts, wenn er aufstand, tue. Damit ihn aber der Schlaf nicht darum betröge, legte sich der Knabe an der Seite des heiligen Franziskus nieder und band den Strick seiner Kutte an den des heiligen Franziskus, um zu spüren, wenn dieser sich erhebe. Der heilige Franziskus aber bemerkte nichts davon.

Aber in der Nacht, als die Brüder alle im ersten Schlaf lagen, erhob sich der heilige Franziskus, fand seinen Strick festgebunden und löste ihn sacht, damit der Knabe es nicht merkte. Dann ging der heilige Franziskus allein zu einer Kapelle in dem Wald, der an das Kloster grenzte, und sammelte sich zum Gebet.

Nach geraumer Zeit wachte der Knabe auf, und fand, daß der Strick gelöst und der heilige Franziskus aufgestanden war. Da erhob er sich, um ihn suchen zu gehen. Als er die Pforte, die in den Wald führte, offen fand, dachte er, der heilige Franziskus sei wohl dorthin gegangen; so ging auch er in den Wald. Als er in die Nähe des Platzes kam, wo der heilige Franziskus betete, hörte er ein gewaltiges Reden. Er ging immer näher, um zu verstehen, was er da hörte; da sah er einen wunderbaren Schein um den heiligen Franziskus, und in ihm sah er Christus und die Jungfrau Maria, den heiligen Johannes den Täufer und den Evangelisten und eine große Schar von Engeln, die redeten mit dem heiligen Franziskus. Als der Knabe dies sah und hörte, vergingen ihm die Sinne, und er stürzte zu Boden.

Poi, compiuto il misterio di quella santa apparizione, tornando santo Francesco al luogo, co' piedi trovò il detto fanciullo giacere nella via come morto, e per compassione sel levò in braccio e riportòllo a letto, come fa il buono pastore la sua pecorella. E poi, sappiendo da lui com'egli avea veduta la detta visione, sì gli comandò che non la dicesse mai a persona, mentre che esso fusse vivo. E 'l fanciullo poi, crescendo in grande grazia di Dio e divozione di santo Francesco, fu uno valente uomo nell'ordine; e solo dopo la morte di santo Francesco rivelò a' frati la detta visione. A laude di Cristo. Amen.

Come santo Francesco fece capitolo ad Ascesi (XVIII)

Il fedele servo di Cristo santo Francesco tenne una volta capitolo generale a Santa Maria degli Angeli, al quale capitolo si ragunarono bene cinquemilia frati. E vènnevi santo Domenico, capo e fondatore dell'Ordine de' frati Predicatori, il quale allora andava di Borgogna a Roma, e udendo la congregazione del capitolo che santo Francesco faceva nel piano di Santa Maria degli Angeli, sì lo andò a vedere con sette frati dell'Ordine suo.

Fu ancora al detto capitolo uno cardinale, divotissimo di santo Francesco, al quale egli avea profetato che
68 dovea essere papa, e così fu, il quale cardinale era
69 venuto studiosamente da Perugia dove era la corte, ad

Als das Wunder dieser heiligen Erscheinung zu Ende war, wandte sich der heilige Franziskus zum Kloster zurück. Da stieß er mit dem Fuß an den Knaben, der wie tot auf dem Weg lag; mitleidig hob er ihn auf und trug ihn auf seinen Armen zum Lager, wie es ein guter Hirt mit seinem Lämmchen tut. Als er später von ihm erfuhr, daß er jene Erscheinung gesehen hatte, gebot er ihm, nie jemandem davon zu erzählen, solange er am Leben sei. Der Knabe wuchs in der Gnade des Herrn und in Ergebenheit gegen den heiligen Franziskus auf und wurde ein tüchtiger Mann im Orden, und erst nach dem Tod des heiligen Franziskus offenbarte er den Brüdern jene Erscheinung. Zum Lobe Christi. Amen.

Wie der heilige Franziskus das Kapitel zu Assisi versammelte

Der getreue Diener Christi, der heilige Franziskus, hielt einmal das Generalkapitel in Santa Maria degli Angeli ab; da kamen gut fünftausend Brüder zusammen. Auch der heilige Dominikus, Haupt und Gründer des Predigerordens, der damals auf dem Weg von Burgund nach Rom war, nahm daran teil. Als er hörte, daß der heilige Franziskus in der Ebene von Santa Maria degli Angeli die Ordensmitglieder versammelt hatte, begab er sich mit sieben Brüdern seines Ordens hin, um daran teilzunehmen.

Auch ein Kardinal war bei jenem Kapitel anwesend, der den heiligen Franziskus sehr verehrte. Dieser hatte ihm prophezeit, er werde Papst werden, und so geschah es dann auch. Der Kardinal war eigens vom päpstlichen Hof in Perugia nach

Ascesi. E ogni dì venìa a vedere santo Francesco e' frati suoi, e alcuna volta cantava la messa, alcuna volta facea sermone a' frati in capitolo. E prendeva il detto cardinale grandissima consolazione e diletto quando veniva a visitare quel santo collegio, veggendo in quella pianura intorno a Santa Maria sedere i frati a schiere, dove quaranta, dove cento, dove ducento, dove trecento insieme, tutti occupati solamente in ragionare di Dio, in orazione, in lagrime, in esercizi di carità; e stavano con tanto silenzio e con tanta modestia, che ivi non si sentiva uno rumore né uno stropiccìo.

E maravigliandosene, di tanta moltitudine e così ordinata, con lagrime e con grande divozione, diceva: – Veramente questo è il campo e lo esercito de' cavalieri di Dio. – Non s'udiva, in tanta moltitudine, niuno parlare favole o buffe; ma, dovunque si ragunava una schiera di frati, o eglino oravano o dicevano ufficio, o e' piangevano i peccati loro e de' loro benefattori, o e' ragionavano della salute dell'anima.

Ed erano in quel campo tetti di graticci e di stuoie, distinti per torme secondo frati di diverse provincie, e però si chiamava quel capitolo il capitolo de' graticci, ovvero di stuoie. I letti loro sì era la piana terra, e, chi avea, un poco di paglia; i capezzali erano o pietra o legno. Per la qual cagione era tanta divozione di loro, a chiunque l'udiva o vedeva, e tanta la fama della loro santità, che della corte del papa ch'era allora a Perugia, e dell'altre terre di val di Spoleto venivano a vedere molti conti e baroni e cavalieri e altri gentili uomini, e molti popolani e cardinali e vescovi e abati con altri chierici, per vedere quella così santa e grande congregazione e umile, la quale il mondo non ebbe mai, di tanti santi uomini insieme. E principalmente venivano per vedere il capo e padre santissimo di tutta quella santa gente, il quale avea rubato così bella preda al mondo e ragunato così belle e divote greggia, a seguitare l'orme del venerabile pastore Gesù Cristo.

Assisi gekommen. Und jeden Tag suchte er den heiligen Franziskus und seine Brüder auf, manchmal las er auch die Messe oder predigte den Brüdern, die im Kapitel versammelt waren. Dieser Kardinal schöpfte Trost und Freude aus seinen Besuchen bei dem heiligen Kollegium,

wenn er sah, wie in der Ebene vor Santa Maria die Brüder in Gruppen beisammensaßen, hier zu vierzig, da zu hundert, dort zu zweihundert oder zu dreihundert, und alle taten nichts anderes als über Gott reden, beten, weinen und Barmherzigkeit üben; sie waren aber so still, maßvoll und bescheiden, daß man kein Geschrei, keinen Lärm hörte.

Er wunderte sich sehr über diese große, wohlgeordnete Menge, daß er unter Tränen der Rührung sagte: «Das ist wahrhaftig das Lager und das Heer der Streiter Gottes.» Man hörte in der ganzen Schar nicht einen einzigen, der töricht oder nichtig daherredete; sondern wo immer sich eine Gruppe von Brüdern zusammenfand, beteten sie oder lasen die Messe oder weinten ihrer und ihrer Wohltäter Sünden wegen, oder sprachen über das Heil der Seele.

Auf dem Feld standen Dächer aus Rohrgeflecht und Strohmatten, die nach den unterschiedlichen Ordensprovinzen gruppiert waren. Daher bekam dieses Kapitel den Namen: Kapitel der Rohr- und Strohmatten. Das Bett der Brüder war die blanke Erde oder ein wenig Stroh, Steine oder Holz die Kissen. Wer immer sie hörte oder sah, verehrte sie sehr, und der Ruf ihrer Heiligkeit war so groß, daß vom Hof des Papstes, der gerade in Perugia weilte, und aus anderen Gegenden des Tales von Spoleto viele Grafen, Barone, Ritter und Edelleute, aber auch viel Volk und Kardinäle, Bischöfe, Äbte und andere Kleriker kamen, um diese heilige und große Versammlung in ihrer Demut zu sehen; so viele heilige Männer auf einmal, wie es die Welt zuvor nicht gekannt hatte. Vor allem aber kamen sie, um das Haupt, den hochheiligen Vater dieser heiligen Schar zu sehen, der der Welt eine so schöne Beute geraubt und so schöne und fromme Herden gesammelt hatte, die den Spuren des verehrungswürdigen Hirten Jesus Christus folgten.

Ed essendo adunque ragunato tutto il capitolo generale, il santo padre di tutti e Generale Ministro santo Francesco in fervore di spirito propone la parola di Dio, e predica loro in alta voce quello che lo Spirito Santo gli faceva parlare. E per tèma del sermone propuose queste parole: – Figliuoli miei, gran cose abbiamo promesse, ma troppo maggiori sono da Dio promesse a noi. Osserviamo quelle che abbiamo promesse, e aspettiamo di certo quelle che sono promesse a noi. Brieve è il diletto del mondo, ma la pena che séguita ad esso è perpetua. Piccola è le pena di questa vita, ma la gloria dell'altra vita è infinita. – E sopra queste parole predicando divotissimamente, confortava e induceva tutti i frati a obbedienza e riverenzia della santa madre Ecclesia, a carità fraternale e a orare per tutto il popolo di Dio ad avere pazienzia nelle avversità del mondo e temperanza nelle prosperità, a tenere mondizia e castità angelica, ad avere pace e concordia con Dio e con gli uomini e colla propria coscienza, e amore e osservanza della santissima povertà.

E qui disse egli: – Io comando per merito della santa obbedienza a tutti voi che siete congregati qui, che niuno di voi abbia cura né sollecitudine di veruna cosa da mangiare o da bere, o di cose necessarie al corpo, ma solamente intendete a orare e lodare Iddio; e «tutta la sollecitudine del corpo vostro lasciate a lui, però ch'egli ha spezial cura di voi». – E tutti quanti ricevéttono questo comandamento con allegro cuore e lieta faccia. E compiuto il sermone di santo Francesco, tutti si gittarono in orazione.

Di che, santo Domenico, il quale era presente a tutte queste cose, fortemente si maravigliò del comandamento di santo Francesco; e riputàvalo indiscreto, non potendo pensare come tanta moltitudine si potesse reggere, sanza avere niuna cura o sollecitu-
72 dine delle cose necessarie al corpo.

73 Ma il principale pastore, Cristo benedetto, voglien-

Als nun das gesamte Generalkapitel versammelt war, verkündete der heilige Vater aller, der Ordensgeneral Sankt Franziskus, Gottes Wort mit Inbrunst und predigte ihnen mit lauter Stimme, was der heilige Geist ihm eingab. In den Mittelpunkt der Predigt stellte er diese Worte: «Meine Kinder, wir haben Großes versprochen, aber Größeres ist uns von Gott versprochen worden. Halten wir also, was wir versprochen haben und harren wir mit Gewißheit dessen, was uns versprochen worden ist. Kurz sind die Freuden der Welt, aber die Qualen, die auf sie folgen, sind ewig. Gering nur ist die Qual dieser Welt, aber die Herrlichkeit des jenseitigen Lebens ist unendlich.»

Über diese Worte predigte er voll inniger Frömmigkeit, tröstete die Brüder und hielt sie zu Gehorsam und Ehrfurcht vor der heiligen Mutter Kirche an, zur brüderlichen Liebe und zum Gebet für das ganze Volk Gottes. Er mahnte sie, Geduld zu üben in den Nöten des Lebens, und im Glück Maß zu halten, Reinheit und Keuschheit gleich den Engeln zu bewahren, in Frieden und Eintracht mit Gott und den Menschen und dem eigenen Gewissen zu leben, Liebe zu üben und die allerheiligste Armut zu beobachten.

An dieser Stelle fügte er hinzu: «Ich befehle euch allen, die ihr hier versammelt seid, beim heiligen Gehorsam, dem ihr verpflichtet seid: keiner von euch trage Sorge oder Begierde nach Dingen des Essens oder Trinkens oder nach sonstigen Bedürfnissen des Leibes; sondern ihr sollt allein darauf bedacht sein, zu beten und Gott zu loben. ‹Alle Sorge für den Leib überlasset ihm, denn er trägt wahre Sorge für euch.›» Alle nahmen dieses Gebot frohen Herzens und fröhlichen Angesichts entgegen. Als die Predigt des heiligen Franziskus beendet war, warfen sich alle zum Gebet nieder.

Der heilige Dominikus aber, der bei allem zugegen war, wunderte sich sehr ob dieses Gebots des heiligen Franziskus, das ihm zu weit zu gehen schien, denn er konnte sich nicht denken, wie eine solche Menge sich lenken ließe, ohne daß man sich um ihr leibliches Wohl auch nur im geringsten kümmerte.

Aber der wahre Hirte, Christus der Gesegnete, wollte zei-

do mostrare com'egli ha cura delle sue pecore e ha singulare amore a' poveri suoi, immantanente ispirò alle genti di Perugia, di Spoleto, di Fuligno, di Spello e d'Ascesi, e tutte l'altre terre d'intorno, che portàssono da mangiare e da bere a quella santa congregazione. Ed ecco subitamente venire delle dette terre uomini con somieri, cavalli, carri, caricati di pane e di vino e di fave e di cacio e d'altre buone cose da mangiare, secondo che a' poveri di Cristo era di bisogno. Oltr'a questo, recavano tovaglie e orciuoli e bicchieri e altri vasi che facevano mestiere a tanta moltitudine. E beato si reputava chi più cose poteva recare, o più sollecitamente servire; in tanto che eziandio i cavalieri e baroni e altri gentili uomini che venivano a vedere, con grande umilità e divozione servivano loro innanzi.

Per la qual cosa santo Domenico, veggendo queste cose e cognoscendo veramente che la provvidenzia divina s'adoprava in loro, umilemente si ricognobbe avere falsamente giudicato santo Francesco di comandamento indiscreto: e inginocchiandoglisi innanzi umilemente, ne disse sua colpa, e aggiunse: – Veramente Iddio ha cura speziale di questi santi poverelli, e io nol sapeva; e io da ora innanzi prometto d'osservare la evangelica povertà, e maladìco dalla parte di Dio tutti i frati dell'Ordine mio, i quali nel detto Ordine presumeranno d'avere proprio. – Sì che santo Domenico fu molto edificato della fede del santissimo Francesco e della obbedienzia e della povertà e di così grande e ordinato collegio, e della provvidenza divina e della copiosa abbondanza d'ogni bene.

In quello medesimo capitolo fu detto a santo Francesco che molti frati portavano il coretto in sulle carni, e cerchi di ferro; per la qual cosa molti ne infermavano, e alquanti ne morivano, e molti n'erano impediti dallo orare. Di che santo Francesco,
74 come discreto padre, comandò per santa obbedienzia
75 che chiunque avesse coretto o cerchio di ferro, sel

gen, wie er für seine Schafe sorgt und welche besondere Liebe er für seine Armen empfindet. Sogleich gab er den Leuten von Perugia, Spoleto, Foligno, Spello und Assisi und den umliegenden Gegenden ein, sie sollten dieser heiligen Versammlung zu essen und zu trinken bringen.

Da kamen aus allen diesen Plätzen die Menschen mit Eseln, Pferden und Karren, beladen mit Brot und Wein und Bohnen und Käse und anderen guten Dingen zum Essen, deren die Armen Christi bedurften. Dazu brachten sie Tischtücher, Krüge und Becher und vielerlei Gefäße, die man für eine so große Menge brauchte. Und glücklich schätzte sich, wer besonders viel herbeischaffen konnte oder besonders eifrig half; so daß sogar die Ritter und Barone und anderen Edelleute, die zum Schauen gekommen waren, den Brüdern mit großer Demut und Ehrerbietung dienten.

Auch der heilige Dominikus, der beim Anblick dieser Ereignisse das Walten der göttlichen Vorsehung erkannte, gestand sich demütig ein, daß er zu Unrecht den heiligen Franziskus einer zu weit gehenden Regel geziehen hatte; demütig kniete er vor ihm nieder, bekannte seine Schuld und fügte hinzu: «Wahrlich, Gott trägt besondere Fürsorge für diese heiligen Armen, und ich habe es nicht gewußt; aber nun verspreche auch ich, künftig auf evangelische Armut zu achten, und im Namen Gottes verurteile ich alle meine Ordensbrüder, die sich innerhalb des Ordens eigenen Besitz verschaffen.» Der heilige Dominikus war also sehr erbaut vom Glauben des heiligen Franziskus und vom Gehorsam und der Armut einer so großen und wohlgeordneten Gemeinschaft, wie auch von der göttlichen Vorsehung und dem Überfluß an allen Gütern.

Bei dem nämlichen Kapitel sagte man dem heiligen Franziskus, daß viele Brüder Kettenhemden und eiserne Reifen am Leib trügen, durch die viele von ihnen wund wurden und etliche sogar starben; viele wurden dadurch am Beten gehindert. Als fürsorglicher Vater befahl der heilige Franziskus beim heiligen Gehorsam, jeder, der ein solches Bußhemd oder einen eisernen Reifen trage, möge es von sich tun und vor ihm

traesse e ponésselo dinanzi a lui. E così fecero, e furono annoverati bene cinquecento coretti di ferro e troppi più cerchi di ferro, tra di braccia e di ventre, in tanto che féciono uno grande monticello, e santo Francesco gli fece lasciare ivi. Poi, compiuto il capitolo, santo Francesco, confortandogli tutti in bene e ammaestrandoli come dovessono scampare sanza peccato di questo mondo malvagio, con la benedizione di Dio e con la sua gli rimandò alle loro provincie tutti consolati di letizia spirituale. A laude di Cristo. Amen.

Come Cristo apparve a santo Francesco, essendo malato degli occhi (XIX)

Essendo una volta santo Francesco gravemente infermato degli occhi, messer Ugolino, cardinale protettore dell'Ordine, per grande tenerezza ch'avea di lui sì gli scrisse ch'egli andasse a lui, a Rieti, dove erano ottimi medici d'occhi. Allora santo Francesco, ricevuta la lettera del cardinale, se n'andò in prima a San Damiano ove era santa Chiara, divotissima sposa di Cristo, per darle alcuna consolazione, e poi andare al cardinale.

Ed essendo ivi, santo Francesco la notte seguente peggiorò sì degli occhi, che non vedeva punto lume. Di che, non potendosi partire, santa Chiara gli fece una celluzza di cannicci, nella quale e' si potesse
76 meglio riposare. Ma santo Francesco, tra pe 'l dolore
77 della infermità e per la moltitudine de' topi che gli

niederlegen. Das taten sie; und es wurden gut fünfhundert Bußhemden und noch mehr Eisenreifen für Arme und Leib gezählt, so viele, daß ein großer Hügel entstand; der heilige Franziskus gebot ihnen, ihn dort liegen zu lassen.

Als das Kapitel beendet war, spendete der heilige Franziskus den Brüdern Trost zum Guten und lehrte sie, wie sie ohne Sünden dieser üblen Welt entfliehen könnten. Mit dem Segen Gottes und mit seinem eigenen sandte er sie getröstet in der Glückseligkeit des Geistes in ihre Provinzen zurück. Zum Lobe Christi. Amen.

Wie Christus dem an einer Augenkrankheit leidenden heiligen Franziskus erschien

Als der heilige Franziskus einmal schwer an seiner Augenkrankheit litt, schrieb ihm Herr Ugolino, der Kardinal und Schutzherr des Ordens, in der großen Zuneigung, die er für ihn empfand, er möge nach Rieti kommen, wo es ausgezeichnete Augenärzte gebe.

Als der heilige Franziskus den Brief des Kardinals erhalten hatte, ging er zuerst nach San Damiano zur heiligen Clara, der allerfrommsten Braut Christi, um ihr Trost zu spenden; danach wollte er zum Kardinal gehen.

Während der heilige Franziskus dort weilte, verschlechterten sich seine Augen in der folgenden Nacht dermaßen, daß er gar kein Licht mehr sah. Da er deshalb nicht aufbrechen konnte, fertigte die heilige Clara eine Hütte aus Rohrgeflecht für ihn an, in der er ausruhen sollte. Aber wegen der Schmerzen, die sein Leiden ihm verursachte, und der großen Zahl von

facevano grandissima noia, punto del mondo non si poteva posare, né di dì né di notte.

E sostenendo più di quella pena e tribulazione, cominciò a pensare e ricognoscere che quello era uno flagello di Dio pe' suoi peccati. E cominciò a ringraziare Iddio con tutto il cuore e colla bocca; e poi gridava ad alta voce dicendo: – Signore mio, io sono degno di questo e di troppo peggio. Signor mio Gesù Cristo, pastore buono, il quale a noi peccatori e indegni hai posto la tua misericordia in diverse pene e angosce corporali, concedi grazia e virtù a me, tua pecorella, che per niuna infermità né angoscia o dolore io mi parta da te.

E fatta questa orazione, gli venne una voce da cielo che disse: – Francesco, rispondimi: Se tutta la terra fosse oro, e tutti i monti e' colli e' sassi fossono pietre preziose, e tutti i mari e' fiumi e le fonti fóssono balsamo; e tu trovassi un altro tesoro, tanto più nobile che queste cose quanto l'oro è più nobile che la terra, e 'l balsamo che l'acqua, e le pietre preziose più che' monti e i sassi; e fósseti dato, per questa infermità, quel più nobile tesoro, non ne doveresti tu essere ben contento e bene allegro? – Risponde santo Francesco: – Signore, io non sono degno di così prezioso tesoro. – E la voce di Dio dice a lui: – Rallégrati, Francesco, però che quello è il tesoro di vita eterna, il quale io ti riservo; e insino a ora io te lo investisco, e questa infermità e afflizione è arra di quello tesoro beato.

Allora santo Francesco chiamò il compagno, con grandissima allegrezza di così gloriosa promessa, e disse: – Andiamo al cardinale. – E consolando in prima santa Chiara con sante parole, e da lei umilmente scommiatandosi, prese il cammino verso Rieti. E quando vi giunse presso, tanta moltitudine di popolo gli si fece incontro, che perciò non volle entrare nella città, ma andòssene a una chiesa ch'era presso alla città forse due miglia.

Mäusen, die ihn sehr belästigten, konnte er überhaupt keine Ruhe finden, weder bei Tag noch bei Nacht.

Als er mehrere Tage hindurch diese Qual und Anfechtung ertragen hatte, begann er nachzudenken und zu erkennen, daß das eine Geißel Gottes für seine Sünden war. Und er begann Gott heftig mit Herz und Mund zu danken; danach rief er mit lauter Stimme und sagte: «Herr, ich habe dies und Schlimmeres verdient. Mein Herr Jesus Christus, guter Hirte, der du uns Sündern und Unwürdigen deine Barmherzigkeit in verschiedenen Qualen und körperlicher Pein erweist, gewähre mir, deinem Schäflein, Gnade und Kraft, daß keine Krankheit, kein Leid und kein Schmerz mich von dir scheiden kann.»

Nach diesem Gebet hörte er eine Stimme vom Himmel, die sprach: «Franziskus, antworte mir: Wenn die ganze Erde aus Gold wäre, und alle Berge und Hügel und Felsen wären Edelsteine, und alle Meere und Flüsse und Quellen wären Balsam; und du fändest einen anderen Schatz, der um ebenso viel kostbarer ist als das alles, wie Gold kostbarer ist als Erde und Balsam kostbarer als Wasser und Edelsteine kostbarer als Berge und Felsen; und dieser kostbarste Schatz würde dir für deine Krankheit gegeben – müßtest du da nicht wohl zufrieden und sogar fröhlich sein?» Da antwortet der heilige Franziskus: «Herr, ich bin eines so köstlichen Schatzes nicht würdig.» Und Gottes Stimme spricht zu ihm: «Freue dich, Franziskus, denn dieser Schatz ist das ewige Leben, das ich für dich bereit halte; und von Stund an verleihe ich es dir, und diese Krankheit und diese Schmerzen sind das Pfand jenes seligmachenden Schatzes.»

Da rief der heilige Franziskus nach seinen Gefährten, und in überaus großer Fröhlichkeit wegen dieses glorreichen Versprechens sagte er: «Gehen wir zum Kardinal.» Zuerst tröstete er die heilige Clara mit heiligen Worten, und als er sich demütig von ihr verabschiedet hatte, schlug er den Weg nach Rieti ein. Als er in die Nähe der Stadt kam, zog ihm eine solche Menge Volkes entgegen, daß er darum nicht in die Stadt hineingehen wollte; stattdessen begab er sich zu einer Kirche, die etwa zwei Meilen von der Stadt entfernt war.

Sappiendo poi i cittadini ch'egli era nella detta chiesa, a torme correvano a vederlo, in tanto che la vigna della chiesa tutta si guastava e l'uve erano tutte còlte. Di che il prete forte si doleva nel cuor suo, pentendosi ch'egli avea ricevuto santo Francesco nella sua chiesa. Essendo da Dio rivelato a santo Francesco il pensiere del prete, sì 'l fece chiamare a sé e dìssegli: – Padre carissimo, quante some di vino ti rende questa vigna per anno, quando ella rende meglio? – Risponde che dodici some. Dice santo Francesco: – Io ti priego, padre, che tu sostenga pazientemente il mio dimorare qui alquanti dì, però ch'io ci truovo molto riposo; e lascia tòrre a ogni persona dell'uve di questa tua vigna, per l'amor di Dio e di me poverello; e io ti prometto, dalla parte del mio signor Gesù Cristo, ch'ella te ne renderà, questo anno, venti some. – E questo faceva santo Francesco, dello stare ivi, per lo grande frutto dell'anime che sì vedeva fare nelle genti che vi venivano, de' quali molti si partivano inebriati del divino amore e abbandonavano il mondo.

Confidandosi il prete della promessa di santo Francesco, egli lasciò liberamente la vigna a coloro che venivano a lui. Maravigliosa cosa: la vigna fu al tutto guasta e còlta, sì che appena vi rimàsono alquanti racìmoli; venne il tempo della vendemmia, il prete coglie quelli cotanti racìmoli, e méttegli nel tino e pigia, e secondo la promessa di santo Francesco ricolse venti some d'ottimo vino.

Nel qual miracolo manifestamente si dié a intendere che, come pe' meriti di santo Francesco la vigna, spogliata d'uve, era abbondata di vino, così il popolo cristiano, sterile di virtù per lo peccato, per li meriti e dottrina di santo Francesco spesse volte abbonda in buoni frutti di verace penitenzia. A laude di Cristo. Amen.

Als die Bürger erfuhren, daß er sich in jener Kirche aufhielt, eilten sie in Scharen herbei, um ihn zu sehen, so daß der Weinberg der Kirche ganz zertrampelt und die Trauben alle abgerissen wurden. Darüber kränkte sich der Priester sehr in seinem Herzen, und es reute ihn, den heiligen Franziskus in seiner Kirche aufgenommen zu haben. Als Gott dem heiligen Franziskus die Gedanken des Priesters offenbarte, ließ er ihn zu sich rufen und sagte zu ihm: «Liebster Vater, welche Menge Wein bringt dir dieser Weinberg im Jahr, wenn die Ernte besonders gut ist?» Da antwortete der: «Soviel zwölf Lasttiere tragen können.» Da sagt der heilige Franziskus: «Ich bitte dich, Vater, du mögest mein Verweilen hier etliche Tage geduldig ertragen, denn ich finde hier viel Erleichterung, und laß um Gottes und meiner armseligen Liebe willen jedermann von den Trauben in deinem Weinberg nehmen; ich verspreche dir aber im Namen meines Herrn Jesus Christus, daß dir der Weinberg dieses Jahr zwanzig Lasten bringen wird.» Der heilige Franziskus blieb aber dort, weil er sah, daß er unter den Leuten, die dort hinkamen, reiche Ernte an Seelen einbrachte; viele von ihnen gingen trunken von der göttlichen Liebe weg und entsagten der Welt.

Der Priester vertraute auf das Versprechen des heiligen Franziskus und überließ den Weinberg großmütig denen, die zu ihm kamen. Ein Wunder: der Weinberg war so zertreten und abgeerntet, daß kaum ein paar Träublein geblieben waren. Dann kam die Zeit der Weinlese; der Priester pflückt die paar Trauben, tut sie in den Bottich und keltert sie, und wie der heilige Franziskus versprochen hatte, gewann er zwanzig Lasten besten Weines.

Aus diesem Wunder ist deutlich zu ersehen: Gleich wie durch die Verdienste des heiligen Franziskus der Weinberg, der aller Trauben beraubt war, Wein im Überfluß gab, so brachte die Christenheit, aus Sündhaftigkeit arm an Tugend geworden, durch die Verdienste und Lehren des heiligen Franziskus viele Früchte der aufrichtigen Reue im Überfluß hervor. Zum Lobe Christi. Amen.

Come santo Francesco liberò la città d'Agobbio da uno fiero lupo (XXI)

Al tempo che santo Francesco dimorava nella città d'Agobbio, nel contado d'Agobbio apparí uno lupo grandissimo e terribile e feroce. Il quale non solamente divorava gli animali, ma eziandio gli uomini; in tanto che tutti i cittadini stavano in gran paura, però che spesse volte s'appressava alla città. E tutti andavano armati, quando uscivano della terra, come s'eglino andassero a combattere, e con tutto ciò non si potevano difendere da lui, chi in lui si scontrava solo. E per paura di questo lupo vènnono a tanto, che niuno era ardito d'uscire fuori della terra.

Per la qual cosa santo Francesco, avendo compassione agli uomini della terra, sì volle uscire fuori a questo lupo, benché i cittadini al tutto lo ne sconsigliavano. E facendosi il segno della santa croce, uscì fuori della terra, egli co' suoi compagni, tutta la sua confidenzia ponendo in Dio.

E dubitando gli altri d'andare più oltre, santo Francesco prende il cammino inverso il luogo ove era il lupo. Ed ecco che, veggendo molti cittadini, i quali erano venuti a vedere questo miracolo, il detto lupo si fa incontro a santo Francesco, colla bocca aperta, e appressandosi a lui, santo Francesco sì gli fa il segno della croce e chiamalo a sé, e dice così: – Vieni qua, frate lupo, io ti comando dalla

Wie der heilige Franziskus die Stadt Gubbio von einem wilden Wolf befreite

Zu der Zeit, da der heilige Franziskus in der Stadt Gubbio weilte, tauchte in der Gegend von Gubbio ein riesenhafter, schrecklicher, wilder Wolf auf. Der verschlang nicht nur Tiere, sondern sogar Menschen, so daß die Bürger in großer Angst lebten, denn er kam wiederholt in die Nähe der Stadt. Wenn sie die Stadt verließen, so bewaffneten sie sich, als ob sie in den Kampf zögen, aber selbst dann konnte einer, der allein auf ihn traf, sich nicht verteidigen. Und die Angst vor diesem Wolf wurde so groß, daß keiner mehr wagte, die Stadt zu verlassen.

Weil nun deswegen der heilige Franziskus Mitleid mit den Leuten dieses Gebietes hatte, beschloß er, zu dem Wolf hinauszugehen, obwohl die Bürger ihm inständig abrieten. Er aber machte das Zeichen des heiligen Kreuzes, verließ die Stadt in Begleitung seiner Gefährten und setzte seine ganze Zuversicht auf Gott.

Da die anderen zögern, ob man noch weiter gehen soll, legt der heilige Franziskus allein den Weg bis zu der Stelle zurück, wo der Wolf hauste. Da geschieht es: vor den Augen vieler Bürger, die gekommen waren, das Wunder zu sehen, geht eben dieser Wolf mit geöffnetem Rachen auf den heiligen Franziskus los. Als er ihm ganz nahe kommt, macht der heilige Franziskus das Zeichen des Kreuzes über ihn, und ruft ihn zu sich, und redet so mit ihm: «Komm her, Bruder Wolf, ich

parte di Cristo che tu non facci male né a me né a persona.

Mirabile cosa a dire, immantanente che santo Francesco ebbe fatta la croce, il lupo terribile chiuse la bocca e ristette di correre. E fatto il comandamento, venne mansuetamente come uno agnello, e gittòssi a' piedi di santo Francesco a giacere.

Allora santo Francesco gli parla così: – Frate lupo, tu fai molti danni in queste parti, e hai fatti grandissimi malefìci, guastando e uccidendo le criature di Dio sanza sua licenzia. E non solamente hai uccise e divorate le bestie, ma hai avuto ardimento d'uccidere e di guastare gli uomini, fatti alla immagine di Dio, per la qual cosa tu se' degno delle forche come ladro e omicida pessimo, e ogni gente grida e mormora di te, e tutta questa terra t'è nimica. Ma io voglio, frate lupo, far pace tra te e costoro, sì che tu non gli offenda più, ed eglino ti perdoneranno ogni offesa passata, e né gli uomini né i cani ti perseguiteranno più.

Detto queste parole, il lupo con atti di corpo e di coda e d'orecchi, e con inchinare di capo, mostrava d'accettare ciò che santo Francesco diceva e di volerlo osservare. Allora santo Francesco disse: – Frate lupo, da poi che ti piace di fare e di tenere questa pace, io ti prometto ch'io ti farò dare le spese continuamente, mentre che tu viverai, dagli uomini di questa terra, sì che tu non patirai più fame, imperò ch'io so bene che per la fame tu hai fatto ogni male. Ma poiché io t'accatterò questa grazia, io voglio, frate lupo, che tu mi prometta che tu non nocerai mai a niuno uomo né a niuno animale. Promettimi tu questo? – E il lupo, con inchinare di capo, fece evidente segnale che prometteva.

E santo Francesco dice: – Frate lupo, io voglio che tu mi faccia fede di questa promessa, a ciò che io me ne possa fidare. – E distendendo santo Francesco la mano per ricevere fede, il lupo levò su il piè dinanzi, e dimesticamente il puose sopra la mano di santo Fran-

befehle dir um Christi willen, daß du weder mir noch sonst jemandem etwas Böses tust.»

Das Wunder geschah, der schreckliche Wolf schloß den Rachen und hielt im Lauf inne, kaum daß der heilige Franziskus das Kreuz geschlagen hatte. Auf dessen Geheiß kam er zahm wie ein Lamm und warf sich dem heiligen Franziskus zu Füßen.

Da redete der heilige Franziskus so zu ihm: «Bruder Wolf, du richtest viel Schaden an in dieser Gegend und hast sehr viel Böses getan, du hast Geschöpfe Gottes verdorben und getötet ohne seine Erlaubnis. Und nicht nur Tiere hast du getötet und gefressen, sondern du hast die Kühnheit gehabt, Menschen zu töten oder zu verletzen, die nach dem Bilde Gottes geschaffen sind. Dafür hast du den Galgen verdient wie ein Dieb und schlimmer Mörder; alle klagen und murren deinetwegen, und die ganze Erde ist dir feind. Aber ich, Bruder Wolf, will zwischen den Menschen und dir den Frieden wiederherstellen, damit du nicht weiter Schaden anrichtest und sie dir die früheren Missetaten vergeben; und weder Menschen noch Hunde sollen dich forthin verfolgen.»

Als er diese Worte gesprochen hatte, zeigte der Wolf durch Bewegungen seines Körpers, des Schweifes und der Ohren an, er wolle annehmen und halten, was der heilige Franziskus verlangte. Da sagte der heilige Franziskus: «Bruder Wolf, wenn es dir also gefällt, diesen Frieden zu schließen und zu halten, so verspreche ich dir, ich werde dafür sorgen, daß die Menschen dieser Gegend für deinen Unterhalt aufkommen, solange du lebst, damit du nicht mehr Hunger leidest; denn ich weiß wohl, daß du alles Böse aus Hunger getan hast. Aber da ich für dich diese Gnade erwirke, will ich, daß du, Bruder Wolf, mir versprichst, nie wieder einem Menschen oder einem Tier Schaden zuzufügen. Versprichst du mir das?» Der Wolf gab mit deutlichem Kopfnicken zu verstehen, daß er es versprach.

Und der heilige Franziskus sagte weiter: «Bruder Wolf, ich will, daß du feierlich Zeugnis ablegst von diesem Versprechen, damit ich mich darauf verlassen kann.» Und als der heilige Franziskus daraufhin die Hand ausstreckte, um das feierliche Versprechen entgegenzunehmen, hob der Wolf seine Vorder-

cesco, dandogli quel segnale di fede che poteva. Allora disse santo Francesco: – Frate lupo, io ti comando nel nome di Gesù Cristo, che tu venga con meco sanza dubitar di nulla, e andiamo a fermare questa pace al nome di Dio. – E il lupo, ubbidiente, se ne va con lui come uno agnello mansueto.

Di che, i cittadini, veggendo questo, forte si maravigliavano. E subitamente questa novità si seppe per tutta la terra; di che, ogni gente, grandi e piccoli, maschi e femmine, giovani e vecchi, traggono alla piazza e vedere il lupo con santo Francesco. Ed essendo ragunato ivi tutto il popolo, lèvasi su santo Francesco e predica loro, dicendo tra l'altre cose come per li peccati Iddio permette cotali pestilenzie; e troppo è più pericolosa la fiamma dello 'nferno, la quale ha a durare eternalmente a' dannati, che non è la rabbia del lupo, il quale non può uccidere se non il corpo; quanto è dunque da temere la bocca dello 'nferno, quando tanta moltitudine tiene in paura e in terrore la bocca d'uno piccolo animale! – Tornate adunque, carissimi, a Dio, e fate degna penitenzia de' vostri peccati, e Iddio vi libererà del lupo nel presente, e, nel futuro, dal fuoco eternale.

E fatta la predica, disse santo Francesco: – Udite, fratelli miei: frate lupo, che è qui dinanzi a voi, ha promesso e fàttomene fede di fare pace con voi e di non offendervi mai in cosa veruna, se voi gli promettete di dargli ogni dì le spese necessarie. E io entro mallevadore per lui, che 'l patto della pace egli osserverà fermamente. – Allora il popolo tutto a una voce promìsono di nutricarlo continuamente. E santo Francesco, innanzi a tutto il popolo, disse al lupo: – E tu, frate lupo, prometti d'osservare i patti della pace a costoro, che tu non offenderai né gli animali, né gli uomini, né niuna creatura? – E il lupo, inginocchiandosi e inchinando il capo, e con atti mansueti di corpo e di coda e d'orecchi dimostrava, quanto è possibile, di volere osservare loro ogni patto.

pfote und legte sie ganz zahm in die Hand des heiligen Franziskus und gab ihm damit, so gut er es vermochte, das Zeichen seiner Treue. Dann sagte der heilige Franziskus: «Bruder Wolf, ich befehle dir im Namen Jesu Christi, daß du mit mir kommen sollst, ohne etwas zu befürchten, und wir werden diesen Bund im Namen Gottes bekräftigen.» Und gehorsam wie ein zahmes Lämmlein geht der Wolf mit ihm.

Die Bürger, die das sahen, wunderten sich sehr. Und eilig verbreitete sich diese Neuigkeit in der ganzen Gegend, so daß alle, große und kleine, Männer und Frauen, junge und alte, zum Marktplatz drängten, um den Wolf mit dem heiligen Franziskus zu sehen. Als das ganze Volk dort versammelt war, erhebt sich der heilige Franziskus und hält ihnen eine Predigt; unter anderem sagt er ihnen, daß Gott solche Plagen wegen ihrer Sünden zulasse. Viel schlimmer und gefährlicher aber als die Wut des Wolfes, der nur den Leib töten könne, seien die Flammen der Hölle, die für die Verdammten bis in alle Ewigkeit dauerten. Wieviel mehr sei also der Rachen der Hölle zu fürchten, wenn schon der Rachen eines armseligen Tieres eine solche Menge von Menschen in Angst und Schrecken halten könne! «Kehrt also zurück zu Gott, meine Liebsten, und tut rechte Buße um eurer Sünde willen, und Gott wird euch hier von dem Wolf und dort vom ewigen Feuer befreien.»

Als er zu Ende gepredigt hatte, sagte der heilige Franziskus: «Hört mich, meine Brüder! Bruder Wolf, der hier vor euch steht, hat versprochen und feierlich gelobt, mit euch Frieden zu schließen und euch überhaupt keinen Schaden mehr zuzufügen, wenn ihr ihm versprecht, ihm täglich das Nötige zum Leben zu geben. Und ich verbürge mich für ihn, daß er den Friedensbund getreulich halten wird.» Da versprach das ganze Volk einstimmig, stets für seine Nahrung zu sorgen. Und vor dem ganzen Volk sagte der heilige Franziskus zum Wolf: «Und du, Bruder Wolf, versprichst du, den Friedensbund zu achten, daß du weder Tiere noch Menschen noch sonst eine Kreatur antasten willst?» Der Wolf ging in die Knie und neigte den Kopf und zeigte mit unterwürfigen Bewegungen des Körpers, des Schweifes und der Ohren, so gut es ihm möglich war, daß er sich an alle Abmachungen halten wolle.

Dice santo Francesco: – Io voglio, frate lupo, che, come tu mi desti fede di questa promessa fuori della porta, così qui, dinanzi a tutto il popolo, mi dia fede della tua promessa, e che tu non mi ingannerai della mia malleveria ch'i' ho fatta per te. – Allora il lupo, levando il piede ritto, sì lo puose in mano a santo Francesco. Onde, tra di questo atto e degli altri detti di sopra, fu tanta ammirazione e allegrezza in tutto il popolo, sì per la divozione del santo e sì per la novità del miracolo e sì per la pace del lupo, che tutti cominciarono a gridare a cielo, lodando e benedicendo Iddio, il quale avea mandato loro santo Francesco, che per li suoi meriti gli avea liberati dalla bocca della crudele bestia.

E poi il detto lupo vivette due anni in Agobbio, ed entravasi dimesticamente per le case a uscio a uscio, sanza fare male a persona e sanza esserne fatto a lui, e fu nutricato cortesemente dalle genti, e andavasi così per la terra e per le case, e giammai niuno cane gli abbaiava dietro. Finalmente, dopo due anni, frate lupo si morì di vecchiaia. Di che i cittadini molto si dolevano, imperò che, veggendolo andare così mansueto per la città, si ricordavano meglio della virtù e santità di santo Francesco. A laude di Cristo. Amen.

Come uno giovane donò tórtore a santo Francesco, e mai son si partirono del luogo, insin che non ebbono la licenzia da lui (XXII)

Uno giovane avea prese un dì molte tórtore e portàvale a vendere. Iscontrandosi in lui santo Francesco, il quale sempre avea singulare pietà agli animali mansueti, ragguardando quelle tórtore con l'occhio pietoso, sì disse a quel giovane: – O buono giovane, io ti priego che tu mi dia coteste tórtore, a ciò che uccelli così mansueti e innocenti, a' quali nella santa Scrit-

Da sagt der heilige Franziskus: «Ich will, Bruder Wolf, daß du mir auch hier, vor dem gesamten Volk, das feierliche Versprechen, das du mir schon vor dem Tor gegeben hast, erneuerst und daß du mich, der ich Bürgschaft für dich übernommen habe, nicht betrügst.» Da richtete der Wolf sich auf und legte die Pfote in die Hand des heiligen Franziskus. Während dieser und der vorher geschilderten Vorgänge war das Volk voller Staunen und Freude über die Frömmigkeit des Heiligen und das unerhörte Wunder und den Friedensbund mit dem Wolf. Sie begannen laut ihre Stimmen zu erheben und Gott zu loben und zu preisen, weil er ihnen den heiligen Franziskus gesandt hatte, der sie durch seine Verdienste aus dem Rachen des grausamen Tieres befreit hatte.

Der besagte Wolf lebte dann zwei Jahre lang in Gubbio und ging zahm von Haustür zu Haustür, ohne jemandem ein Leid zuzufügen und ohne daß man ihm welches zufügte, und er wurde von den Leuten gebührend versorgt; und wenn er so durch die Stadt und zwischen den Häusern dahinging, bellte ihm kein einziges Mal ein Hund nach. Nach zwei Jahren schließlich starb Bruder Wolf an Altersschwäche. Die Bürger trauerten sehr um ihn, denn wenn sie ihn so gefügig durch die Stadt streifen sahen, gedachten sie besonders viel der Tugend und Heiligkeit des heiligen Franziskus. Zum Lobe Christi. Amen.

Wie ein Junge dem heiligen Franziskus Waldtauben schenkte, die vom Kloster nicht wegflogen, ohne daß er ihnen die Erlaubnis gab

Ein Junge hatte eines Tages viele Waldtauben gefangen und trug sie zum Verkauf. Er begegnete dem heiligen Franziskus, der mit den sanften Tieren stets besonderes Mitleid hatte. Er sah diese Waldtauben mit mitleidigem Blick an und sagte zu dem Jungen: «Guter Junge, ich bitte dich, gib mir diese Waldtauben, damit nicht so sanfte und unschuldige Vögel, mit denen in der heiligen Schrift die reinen, demütigen und

tura sono assimigliate l'anime caste e umili e fedeli, non vengano alle mani de' crudeli che l'uccidano. – Di subito, colui, spirato da Dio, tutte le diede a santo Francesco; ed egli, ricevendole in grembo, cominciò a parlare loro dolcemente: – O sirocchie mie tórtore, semplici, innocenti e caste, perché vi lasciate pigliare? or è ch'io vi voglio scampare dalla morte, e faròvvi i nidi a ciò che voi facciate frutto, e multiplichiate secondo il comandamento di Dio vostro creatore. – E va santo Francesco, e a tutte fece il nido, ed elleno, usandogli, cominciarono a fare uova e figliare, innanzi a' frati; e così dimesticamente si stavano e usavano con santo Francesco e con gli altri frati, come s'elle fussino state galline, sempre nutricate da loro. E mai non si partirono, insino che santo Francesco, colla sua benedizione, diede loro licenzia di partirsi.

E al giovane che gliele avea date disse santo Francesco: – Figliuolo, tu sarai ancora frate in questo Ordine, e servirai graziosamente a Gesù Cristo. – E così fu, imperò che lo detto giovane si fece frate, e vivette nell'Ordine con grande santità. A laude di Cristo. Amen.

Come santo Francesco sanò uno lebbroso dell'anima e corpo (XXV)

Il vero discepolo di Cristo, messere santo Francesco,
90 vivendo in questa miserabile vita, con tutto suo
91 isforzo s'ingegnava di seguitare Cristo, perfetto

getreuen Seelen verglichen werden, grausamen Leuten in die Hände fallen, die sie töten.» Einer göttlichen Eingebung folgend gab der Junge sie sogleich alle dem heiligen Franziskus. Der nahm sie in den Schoß und begann zärtlich mit ihnen zu sprechen: «Oh Waldtauben, meine Schwestern, ihr Einfältigen, Unschuldigen und Reinen, warum laßt ihr euch fangen? Ich will euch vor dem Tod bewahren und euch Nester bauen, damit ihr Frucht tragen und euch vermehren könnt nach dem Gebot Gottes, eures Schöpfers.» Und der heilige Franziskus ging und baute Nester für alle, und sie begannen, ebenda hinein Eier zu legen und zu brüten, ganz nahe bei den Ordensbrüdern. Und sie blieben und verkehrten so zutraulich mit dem heiligen Franziskus und den anderen Brüdern, als wären sie Hühner und seien gewohnt, von ihnen gefüttert zu werden. Sie flogen nie weg, ehe nicht der heilige Franziskus ihnen mit seinem Segen die Erlaubnis gegeben hatte, wegzufliegen.

Zu dem Jungen, der sie ihm gegeben hatte, sagte der heilige Franziskus: «Mein Sohn, du wirst noch Bruder dieses Ordens werden, und Jesus Christus in Gnaden dienen.» So geschah es; der Jüngling trat in den Orden ein, und wurde ein Bruder von großer Heiligkeit. Zum Lobe Christi. Amen.

Wie der heilige Franziskus einen Aussätzigen an Leib und Seele gesund machte

Der wahre Schüler Christi, der Herr Sankt Franziskus, mühte sich während seines ganzen armseligen Erdenlebens, Christus, dem wahren Meister nachzufolgen. So geschah es wieder-

maestro; onde addivenìa spesse volte per divina operazione che, a cui egli sanava il corpo, Iddio sanava l'anima a una medesima ora, sì come si legge di Cristo. E però ch'egli non serviva solamente volentieri a' leprosi, ma oltr'a questo avea ordinato, che i frati del suo Ordine, andando o stando per lo mondo, servìssino a' leprosi per l'amore di Cristo, il quale volle per noi essere reputato leproso, addivenne una volta che in uno luogo, presso a quello ove dimorava allora santo Francesco, i frati servivano in uno spedale a' leprosi e infermi, nel quale era uno leproso sì impaziente e incomportabile e protervo, che ognuno credea, e così era di certo, che fosse invasato dal demonio; imperò ch'egli svillaneggiava di parole e batteva sì sconciamente chiunque il serviva e, che peggio era, egli vituperosamente bestemmiava Cristo e la sua santissima Madre, che per niuno modo si trovava chi lo volesse servire o potesse.

E avvegna che le ingiurie proprie e villanie, e frati si studiàssono di portare pazientemente per accrescere il merito della pazienzia, niente di meno le 'ngiurie di Cristo e della sua Madre non potendo sostenere le loro coscienzie, diterminàronsi al tutto d'abbandonarlo; ma non lo vòllono fare, infino a tanto ch'eglino il significàssono ordinatamente a santo Francesco, il quale dimorava allora in uno luogo quivi presso.

E significato che gliel'ebbero, santo Francesco se ne va a quello leproso perverso, e giugnendo a lui sì lo salutò, dicendo: – Iddio ti dia pace, fratello mio carissimo. – Risponde il leproso rimbrottando: – E che pace posso avere io da Dio, che m'ha tolto pace e ogni bene, e hammi fatto tutto fracido e puzzolente? – E santo Francesco disse: – Figliolo, abbi pazienzia, imperò che le infermità de' corpi ci sono
92 date da Dio in questo mondo per salute dell'anima,
93 però che sono di grande merito quando sono portate

holt durch göttliches Wirken, daß zu der Stunde, in der der heilige Franziskus den Körper heilte, Gott auch die Seele heilte, so wie man es von Christus liest. Und nicht nur er selber diente den Aussätzigen willig, sondern er hatte auch angeordnet, daß seine Ordensbrüder, wo immer in der Welt sie hingingen oder verweilten, den Aussätzigen um der Liebe Christi willen dienen sollten; denn Christus selbst will bei uns als Aussätziger gelten.

Einmal geschah es, daß in einem Kloster, nahe bei dem, wo damals der heilige Franziskus weilte, die Brüder im Hospital den Aussätzigen und Kranken dienten. Unter denen befand sich ein Aussätziger, der so ungeduldig und unverträglich und halsstarrig war, daß jeder glaubte – und sicher war es so –, daß er von einem Dämon besessen sei. Unflätig beschimpfte und schlug er jeden, der ihn pflegte, und was schlimmer war, er verfluchte Christus und seine heilige Mutter so lästerlich, daß überhaupt keiner mehr zu finden war, der es über sich gebracht hätte, ihn zu pflegen.

So geschah es, daß die Brüder sich mühten, geduldig die Beleidigungen und Schmähungen, die sie trafen, zu ertragen, um in der Tugend der Geduld zu wachsen. Aber da ihre Gewissen die Schmähungen Christi und seiner Mutter nicht ertragen konnten, beschlossen sie, ihn aufzugeben.

Das wollten sie aber doch nicht tun, ohne es ordnungsgemäß dem heiligen Franziskus anzuzeigen, der sich damals in einem Kloster in der Nähe aufhielt.

Als sie es ihm angezeigt hatten, geht der heilige Franziskus zu diesem bösartigen Aussätzigen. Als er vor ihm stand, grüßte er ihn und sagte: «Gott gebe dir Frieden, liebster Bruder.» Murrend antwortet der Aussätzige: «Was für einen Frieden kann Gott mir schon geben, hat doch er mir den Frieden und alles Gute genommen und mich noch dazu faulig und stinkend gemacht?» Und der heilige Franziskus sagte: «Mein Sohn, hab Geduld, denn die Leiden des Körpers in dieser Welt sind uns von Gott zum Heil der Seele gegeben, denn sie bringen uns großen Verdienst, wenn wir sie geduldig ertragen.» Da ant-

pazientemente. – Rispuose lo 'nfermo: – E come poss'io portare con pace la pena continua, che m'affligge il dì e la notte? e non solamente io sono afflitto della mia infermità, ma peggio mi fanno i frati che tu mi desti perché mi servìssono, e non mi servono come debbono.

Allora santo Francesco, cognoscendo che questo leproso era posseduto dal maligno spirito, per revelazione divina, andò e puòsesi in orazione e pregò Iddio divotamente per lui. E fatta l'orazione, ritornò a lui e dice così: – Figliuolo, io ti voglio servire io, da poi che tu non ti contenti degli altri. – Piacemi, – dice lo 'nfermo – ma che mi potrai tu fare più che gli altri? – Rispuose santo Francesco: – Ciò che tu vorrai, io ti farò. – Dice lo 'nfermo: – Io voglio che tu mi lavi tutto quanto, imperò ch'io puto sì fortemente, che io medesimo non mi posso patire. – Allora, santo Francesco fece di subito scaldare l'acqua, con molte erbe odorifere; poi spoglia costui e comincia a lavarlo colle sue mani, e un altro frate metteva su l'acqua. E per divina virtù e miracolo, dove santo Francesco toccava colle sue sante mani, si partiva la lebbra e rimaneva la carne perfettamente sanata.

E come si cominciò a sanare la carne, così si cominciò a sanare l'anima. Onde, vedendosi il leproso cominciare a guarire, cominciò ad avere grande compunzione e pentimento de' suoi peccati, e a piagnere amarissimamente; sì che, mentre che 'l corpo si mondava di fuori dalla lepra per lo lavamento dell'acqua, l'anima si mondava dentro per la contrizione e per le lagrime dal peccato.

Ed essendo perfettamente sanato quanto al corpo e quanto all'anima, umilemente si rendeva in colpa, e diceva piangendo ad alta voce: – Guai a me, ch'io sono degno dello inferno per le villanie e ingiurie che io ho fatte e dette a' frati, e per la impazienzia e bestemmie
94 ch'io ho avute contro a Dio. – Onde, quindici dì
95 perseverò in amaro pianto de' suoi peccati e in chie-

wortete der Kranke: «Und wie kann ich diese ständige Pein, die mich Tag und Nacht quält, ertragen? Dabei quält mich nicht nur meine Krankheit, sondern schlimmer noch sind die Brüder, die du mir geschickt hast, damit sie mich pflegen, und die mich nicht pflegen, wie sie sollen.»

Da erkannte der heilige Franziskus durch göttliche Offenbarung, daß dieser Aussätzige vom bösen Geist besessen war; er ging und sammelte sich zum Gebet und bat Gott demütig für ihn. Nach dem Gebet kehrte er zu ihm zurück und sagte: «Mein Sohn, ich selber will dir dienen, da du dich mit den anderen nicht zufrieden gibst.» «Mir ist es recht», sagt der Kranke, «aber was kannst du mehr für mich tun als die anderen?» Da antwortete der heilige Franziskus: «Ich werde für dich tun, was du verlangst.» Da sagt der Kranke: «Ich will, daß du mich von oben bis unten wäschst, denn ich stinke so sehr, daß ich mich selber nicht ausstehen kann.» Da ließ der heilige Franziskus sogleich Wasser erwärmen und viele wohlriechende Kräuter hineintun, dann entkleidet er ihn und beginnt ihn mit seinen eigenen Händen zu waschen, und ein anderer Bruder goß Wasser über ihn. Kraft eines göttlichen Wunders schwand der Aussatz, wo ihn der heilige Franziskus mit seinen heiligen Händen berührte, und das Fleisch wurde völlig geheilt.

Wie aber das Fleisch zu heilen begann, da wurde auch die Seele gesund. Als der Aussätzige sah, daß er gesundete, begann er tiefes Bedauern und Reue wegen seiner Sünden zu empfinden und bitterlich zu weinen;

während sich der Körper äußerlich durch das Waschen mit Wasser vom Aussatz reinigte, reinigte sich die Seele innerlich von den Sünden, durch den Vorsatz der Buße und durch die Tränen.

Als sowohl sein Körper als auch seine Seele völlig gesund geworden waren, bekannte er demütig seine Schuld und sagte laut weinend: «Weh mir, ich habe die Hölle verdient für die Grobheiten und die Beleidigungen, die ich den Brüdern zugefügt habe und für meine Ungeduld und die Verwünschungen, die ich gegen Gott ausgesprochen habe.» Fünfzehn Tage hindurch beweinte er bitterlich seine Sünden und

derne misericordia a Dio, confessandosi al prete interamente.

E santo Francesco, vedendo così espresso miracolo il quale Iddio avea aoperato per le mani sue, ringraziò Iddio e partìssi indi, e andò in paese assai di lungi, imperò che per umiltà volea fuggire ogni gloria mondana e in tutte le sue operazioni solo cercava l'onore e la gloria di Dio e non la propria.

Poi, come a Dio piacque, il detto leproso, sanato del corpo e dell'anima, dopo quindici dì della sua penitenzia infermò d'altra infermità, e armato de' sacramenti ecclesiastici si morì santamente, e la sua anima andò a paradiso.

In segno di ciò ella apparve in aria a santo Francesco, che stava in una selva in orazione, e dìssegli: – Ricognoscimi tu? – Qual se' tu? – disse santo Francesco. Ed egli rispuose: – Io sono il leproso il quale Cristo benedetto sanò pe' tuoi meriti, e oggi vo a vita eterna, di che io rendo grazie a Dio e a te. Benedetta sia l'anima e 'l corpo tuo, e benedette le parole tue e le tue operazioni, imperò che per te molte anime si salveranno nel mondo. E sappi che non è niun dì nel mondo, che i santi angeli e gli altri santi non ringrazino Iddio de' santi frutti, che tu e l'Ordine tuo fate in diverse parti del mondo; e però confòrtati e ringrazia Iddio e sta colla sua benedizione. – E dette queste parole se n'andò in cielo, e santo Francesco rimase molto consolato. A laude di Cristo. Amen.

bat Gott um Barmherzigkeit und vertraute sich ganz dem Priester an.

Als der heilige Franziskus sah, welch deutliches Wunder Gott durch seine Hände gewirkt hatte, dankte er Gott und ging von dort weg und begab sich in eine weit entfernte Gegend, denn in seiner Demut wollte er dem irdischen Ruhm entfliehen. In allen seinen Handlungen suchte er nur Gottes Ehre und Ruhm und nicht den eigenen.

Nach dem Willen Gottes erkrankte der besagte Aussätzige, der nun an Körper und Seele geheilt war, nach vierzehntägiger Buße an einer anderen Krankheit. Gestärkt mit den Sakramenten der Kirche starb er wie ein Heiliger, und seine Seele ging ins Paradies ein.

Zum Zeichen dessen erschien sie dem heiligen Franziskus, der gerade in einem Wald betete, in der Luft und sagte zu ihm: «Erkennst du mich?» «Wer bist du?» fragte der heilige Franziskus. Er antwortete: «Ich bin der Aussätzige, den Christus, der Gesegnete, um deinetwillen geheilt hat, und heute gehe ich ein in das ewige Leben. Dafür danke ich Gott und dir. Gesegnet seien deine Seele und dein Leib, gesegnet seien deine Werke und Taten, auf daß durch dich viele Seelen auf Erden gerettet werden. Und wisse, daß kein Tag in der Welt vergeht, an dem nicht die heiligen Engel und die anderen Heiligen Gott für die heilige Ernte danken, die du und deine Ordensbrüder in allen Teilen der Welt einbringen. Sei daher getrost und danke Gott und bleibe in seinem Segen.» Nach diesen Worten ging die Seele in den Himmel ein, und der heilige Franziskus blieb sehr getröstet zurück. Zum Lobe Christi. Amen.

Come santo Francesco ricevette uno giovine all'Ordine, il quale accommiatò certi ladroni; e santo Francesco mandò per costui a loro da mangiare, ed eglino si convertirono (XXVI)

Santo Francesco andò una volta per lo distretto del Borgo a San Sipolcro; e passando per uno castello che si chiamava Monte Casale, venne a lui uno giovane nobile e molto dilicato, e disse: – Padre, io vorrei molto volentieri essere de' vostri frati. – Rispuose santo Francesco: – Figliuolo, tu se' giovane, dilicato e nobile; forse che tu non potresti sostenere la povertà e l'asprezza nostra. – Ed egli disse: – Padre, non siete voi uomini come io? dunque, come la sostenete voi così la sosterrò io, colla grazia di Cristo. – Piacque molto a santo Francesco quella risposta, di che, benedicendolo, immantanente lo ricevette nell'Ordine e puòsegli nome frate Agnolo. E portòssi questo giovane sì graziosamente, che ivi a poco tempo santo Francesco il fece guardiano nel luogo detto di Monte Casale.

In quel tempo, usavano nella contrada tre nominati ladroni, i quali facevano molti mali nel paese; i quali vénnono uno dì al detto luogo de' frati e pregavano il detto frate Agnolo, guardiano, che desse loro da mangiare. E il guardiano risponde loro in questo modo, riprendendogli aspramente: – Voi, ladroni e crudeli omicide, non vi vergognate di rubare le fatiche altrui, ma eziandio, come presuntuosi e sfacciati, volete divorare le limosine che sono mandate a' servi di Dio, che non siete pur degni che la terra vi sostenga, però che voi non avete veruna reverenzia né a uomini né a Dio che vi creò. Andate dunque pe' fatti vostri, e qui non apparite più.

Di che coloro, turbati, si partirono con grande isdegno. Ed ecco santo Francesco tornare di fuori,
98 colla tasca del pane e con uno vasello di vino ch'egli col
99 compagno avea accattato. E recitandogli il guardiano

Wie der heilige Franziskus einen jungen Mann in den Orden aufnahm, der etliche Räuber fortschickte;
und wie der heilige Franziskus ihnen durch jenen zu essen schickte und sie sich bekehrten

Einmal wanderte der heilige Franziskus durch die Gegend von Borgo San Sepolcro; als er an einer Burg namens Monte Casale vorbeikam, trat ein edler und sehr zarter junger Mann auf ihn zu und sagte: «Vater, ich möchte sehr gern einer deiner Brüder sein.» Der heilige Franziskus antwortete: «Mein Sohn, du bist jung, zart und edel, vielleicht wirst du unsere Armut und Entbehrungen nicht ertragen können.» Der aber sagte: «Vater, seid ihr nicht Menschen wie ich? So, wie ihr sie ertragt, werde auch ich sie mit Christi Hilfe ertragen.» Diese Antwort gefiel dem heiligen Franziskus sehr; deshalb segnete er ihn und nahm ihn sogleich in den Orden auf und gab ihm den Namen Bruder Angelo. Der junge Mann betrug sich aber so gut, daß der heilige Franziskus ihn wenig später zum Guardian des Klosters von Monte Casale machte.

Zu jener Zeit hausten drei berüchtigte Räuber in der Gegend, die viel Unheil im Land anrichteten. Die kamen eines Tages zu dem besagten Kloster der Brüder und baten eben diesen Bruder Angelo, den Guardian, er möge ihnen zu essen geben. Der Guardian antwortete ihnen mit scharfem Tadel folgendermaßen: «Ihr Diebe und grausamen Mörder schämt euch nicht, den anderen das mühsam Erworbene zu rauben, und in eurer Anmaßung und Unverschämtheit wollt ihr auch noch die Almosen, die Gottes Knechten zustehen, an euch reißen; ihr seid nicht einmal wert, daß euch die Erde trägt, denn ihr habt überhaupt keine Achtung vor den Menschen, nicht einmal vor Gott, der euch geschaffen hat. Kümmert euch also selber um eure Angelegenheiten und laßt euch hier nicht mehr blicken.»

Darob verstört zogen die Räuber mit großem Zorn von dannen. Da kam gerade der heilige Franziskus von draußen zurück, mit einem Sack voll Brot und einem Gefäß voll Wein, das er und seine Gefährten erbettelt hatten. Als der Guardian

come egli avea cacciati coloro, santo Francesco forte lo riprese, dicendo che s'era portato crudelmente. – Imperò che i peccatori meglio si riducono a Dio con dolcezza che con crudeli riprensioni, onde il nostro maestro Gesù Cristo, il cui Evangelio noi abbiamo promesso d'osservare, dice che non è bisogno il medico a' sani ma agl'infermi, e che non era venuto a chiamare i giusti ma e peccatori a penitenzia, e però egli spesse volte mangiava con loro. Con ciò sia cosa che tu abbi contra fatto alla carità e contro al santo Evangelio di Cristo, io ti comando per santa obbedienza che immantanente tu prenda questa tasca del pane ch'i' ho accattato e questo vasel del vino, e va loro dietro sollecitamente per monti e valli tanto che tu gli truovi, e presenta loro tutto questo pane e questo vino da mia parte; e poi t'inginocchia loro innanzi e di' loro umilemente tua colpa della tua crudeltà; e poi li priega da mia parte che non faccino più male, ma temano Iddio, e non offendano il prossimo; e s'egli faranno questo, io prometto loro di provvederli ne' loro bisogni e di dare loro continuamente da mangiare e da bere. E quando tu arai detto loro questo, ritórnati qua, umilmente.

Mentre che il detto guardiano andò a fare il comandamento di santo Francesco, egli si puose in orazione e pregava Iddio che ammorbidasse i cuori di que' ladroni e convertìssegli a penitenzia.

Giugne a loro l'obbediente guardiano, e presenta loro il pane e vino, e fa ciò che santo Francesco gli avea detto. E come piacque a Dio, mangiando questi ladroni la limosina di santo Francesco, cominciòrono a dire insieme: – Guai a noi, miseri isventurati! Come dure pene dello inferno ci aspettano, i quali andiamo non solamente rubando i prossimi e battendo e fedendo, ma eziandio uccidendo, e niente di meno di tanti mali e così scellerate cose, come noi facciamo,
100 non abbiamo niuno rimordimento di coscienzia né
101 timore di Dio. Ed ecco, questo frate santo è venuto a

ihm berichtete, wie er jene verjagt hatte, tadelte ihn der heilige Franziskus sehr und sagte, er habe sich grausam gezeigt. «Denn die Sünder führt man eher mit Freundlichkeit als mit strengem Tadel zurück zu Gott; wie auch unser Herr Jesus Christus sagt, nach dessen Evangelium zu leben wir gelobt haben: nicht die Gesunden bedürften des Arztes, wohl aber die Kranken, und er sei nicht gekommen, die Gerechten zur Buße zu rufen, sondern die Sünder. Deshalb hat er oft das Brot mit ihnen geteilt.

Da du so gegen die Barmherzigkeit und das heilige Evangelium Jesu Christi gehandelt hast, befehle ich dir beim heiligen Gehorsam, du mögest sogleich diesen Sack Brot, den ich erbettelt habe, und dieses Gefäß mit Wein nehmen und ihnen über Berg und Tal nacheilen, bis du sie findest, und ihnen dieses ganze Brot und den Wein in meinem Namen schenken. Knie vor ihnen nieder und gestehe ihnen demütig die Schuld deiner Härte. Und dann bitte sie in meinem Namen, sie sollen nichts Böses mehr tun, sondern Gott fürchten und den Nächsten keinen Schaden zufügen. Wenn sie das tun wollen, so verspreche ich ihnen, für ihre Bedürfnisse Sorge zu tragen und ihnen immer zu essen und zu trinken zu geben. Wenn du ihnen dies gesagt hast, so kehr demütig hierher zurück.»

Während der Guardian sich daran machte, die Anweisungen des heiligen Franziskus auszuführen, sammelte sich dieser zum Gebet und bat Gott, er möge die Herzen der Räuber erweichen und sie zur Einkehr bewegen.

Der gehorsame Guardian findet sie, übergibt ihnen Brot und Wein und tut, wie der heilige Franziskus ihn geheißen hatte. Und es gefiel Gott, daß die Räuber, während sie die Gaben des heiligen Franziskus aßen, also miteinander zu reden begannen: «Weh uns Elenden, uns Unseligen!

Was für harte Höllenstrafen erwarten uns, die wir unsere Nächsten nicht nur bestehlen und verprügeln und verwunden, sondern sie sogar erschlagen! Trotz dieser Untaten und Verbrechen, die wir begehen, haben wir weder irgendwelche Gewissensbisse noch Gottesfurcht. Dieser heilige Bruder da ist wegen einiger Wor-

noi per parecchie parole ch'e' ci disse giustamente per la nostra malizia, e hacci detto umilemente sua colpa, e oltr'a questo ci ha recato il pane e 'l vino e così liberale promessa del santo padre. Veramente questi frati sono santi di Dio, i quali meritano paradiso; e noi siamo figliuoli della eterna perdizione, i quali meritiamo le pene dello inferno, e ogni dì accresciamo la nostra perdizione e non sappiamo, de' peccati che noi abbiamo fatti infino a qui, se noi possiamo trovare misericordia da Dio.

Queste e simiglianti parole dicendo l'uno di loro, dìssono gli altri due: – Per certo tu di' vero; ma ecco, che dobbiamo fare? – Andiamo – disse costui – a santo Francesco; e s'egli ci dà speranza che noi possiamo trovare misericordia da Dio de' nostri peccati, facciamo ciò ch'e' ci comanda, e possiamo liberare le nostre anime dalle pene dello 'nferno. – Piacque questo consiglio agli altri, e così tutti e tre se ne vengono accordati a santo Francesco, e dìcongli così: – Padre, noi, per molti scellerati peccati che noi abbiamo fatti, non crediamo potere trovare misericordia da Dio; ma se tu hai niuna speranza che Iddio ci riceva a misericordia, ecco, noi siamo apparecchiati a fare ciò che tu ci dirai, e di far penitenzia con teco.

Allora santo Francesco, ricevendogli caritativamente e con benignità, sì gli confortò con molti esempli, e rendégli certi della misericordia di Dio, e promise loro di certo d'accattarla loro da Dio, mostrando loro come la misericordia di Dio è infinita, e se noi avessimo infiniti peccati, ancora la misericordia di Dio è maggiore, ché, secondo il Vangelio e l'apostolo santo Paulo, Cristo benedetto venne in questo mondo per ricomperare i peccatori.

Per le quali parole e simiglianti ammaestramenti, i detti tre ladroni rinunziarono al demonio e alle sue operazioni e santo Francesco li ricevette all'Ordine; e cominciòrono a fare grande penitenzia. E i due di loro poco vìssono, dopo la loro conversione, e andàronsi a

te, die er uns wegen unserer Schlechtigkeit, völlig zu Recht, gesagt hat, zu uns gekommen und hat uns demütig seine Schuld eingestanden, und dazu hat er uns Brot und Wein gebracht und ein großzügiges Versprechen des heiligen Vaters. Diese Brüder sind wahrlich Heilige Gottes, die das Paradies verdienen; wir dagegen sind Kinder der ewigen Verdammnis, die die Qualen der Hölle verdienen. Unsere Verdammnis nimmt mit jedem Tag zu und wir wissen nicht, ob wir nach unseren bisher begangenen Sünden Barmherzigkeit bei Gott finden können.»

Als einer von ihnen diese und ähnliche Worte gesprochen hatte, sagten die beiden anderen: «Du redest sicher wahr, aber was sollen wir tun?» «Gehen wir zu dem heiligen Franziskus», sagte der erste; «wenn er uns Hoffnung macht, daß wir bei Gott Vergebung für unsere Sünden finden können, so tun wir nach seinem Geheiß und können unsere Seelen aus den Höllenqualen befreien.» Dieser Rat gefiel den anderen, und so gehen sie alle drei einmütig zum heiligen Franziskus und sagen zu ihm: «Vater, wegen der vielen schändlichen Verbrechen, die wir begangen haben, glauben wir nicht, Gottes Barmherzigkeit erlangen zu können. Aber wenn du die geringste Hoffnung hast, daß Gott uns barmherzig aufnehmen könnte, nun, so sind wir bereit zu tun, was du uns heißen wirst, und mit dir Buße zu tun.»

Der heilige Franziskus nahm sie in barmherziger Liebe und Güte auf und tröstete sie mit vielen Beispielen der Barmherzigkeit Gottes, die er auch ihnen verhieß, und versprach ihnen, bei Gott sehr für sie zu bitten, und er zeigte ihnen, wie grenzenlos Gottes Barmherzigkeit ist. Selbst wenn auch unsere Sünden grenzenlos wären, so ist Gottes Barmherzigkeit doch noch größer, denn nach den Worten des Evangeliums und des heiligen Apostels Paulus ist der gesegnete Christus in diese Welt gekommen, um die Sünder loszukaufen.

Um dieser Worte und ähnlicher Ermahnungen willen ließen die drei Räuber vom Teufel und seinen Werken ab, und der heilige Franziskus nahm sie in den Orden auf. Sie begannen eifrig Buße zu tun. Zwei von ihnen lebten nur mehr kurze Zeit nach ihrer Bekehrung, dann gingen sie ins Paradies ein. Der

paradiso; ma il terzo, sopravvivendo e repensando i suoi peccati, si diè a fare tale penitenzia che, per quindici anni continui, eccette le quaresime comuni le quali egli faceva con gli altri frati, d'altro tempo sempre tre dì della settimana digiunava in pane e acqua, e andando sempre scalzo, con una sola tonica indosso, mai non dormiva dopo mattutino.

Infra questo tempo, santo Francesco passò di questa vita misera. A laude di Cristo. Amen.

Come il demonio apparve a frate Ruffino in forma di Cristo, per ingannarlo, e dìssegli ch'egli era dannato (XXIX)

Frate Ruffino, de' più nobili uomini di Ascesi, compagno di santo Francesco e uomo di grande santità, fu uno tempo fortissimamente combattuto e tentato nell'anima dal demonio, della predestinazione. Di che, egli stava tutto malinconoso e tristo, imperò che 'l demonio gli metteva pure in cuore ch'egli era dannato e non era de' predestinati a vita eterna, e che si perdeva ciò ch'e' faceva nell'Ordine.

Durando questa tentazione più e più dì, egli per vergogna non la revelava a santo Francesco; niente di meno egli non lasciava di fare orazioni e l'astinenzia usata. Di che, il nimico cominciò a giugnere tristizia sopra tristizia: oltre alle battaglie dentro, cominciò anche a combatterlo di fuori, con false apparizioni.

104 Onde una volta e' gli apparve in forma di crocifisso
105 e dìssegli: – O frate Ruffino, perché t'affliggi tu in

dritte aber blieb am Leben und bereute seine Sünden und tat Buße in solchem Ausmaß, daß er fünfzehn Jahre hindurch – die allgemeinen Fastenzeiten ausgenommen, die er gemeinsam mit den anderen Brüdern einhielt – die ganze Zeit an drei Tagen der Woche bei Wasser und Brot fastete. Dazu ging er stets barfuß, nur mit einer Kutte bekleidet, und nach dem Morgengebet legte er sich nie mehr schlafen.

Um diese Zeit schied auch der heilige Franziskus aus diesem elenden Leben. Zum Lobe Christi. Amen.

Wie der Teufel dem Bruder Rufinus in der Gestalt Christi erschien, um ihn zu täuschen, und ihm sagte, daß er verdammt sei

Bruder Rufinus, der einer der vornehmsten Familien von Assisi entstammte, ein Gefährte des heiligen Franziskus und ein Mann von großer Heiligkeit, war einmal in seiner Seele großer Anfechtung und Versuchung durch den Teufel ausgesetzt. Es ging um die Prädestination. Rufinus wurde ganz schwermütig und traurig, denn der Teufel hatte ihm eingeflüstert, daß er verdammt und nicht zum ewigen Leben auserwählt sei, und daß alles verloren sei, was er im Orden tat.

Diese Anfechtung dauerte tagelang, und er schämte sich, sie dem heiligen Franziskus zu entdecken; doch bei alledem hörte er nicht auf, die Gebete zu sprechen und Enthaltsamkeit zu üben. Da begann der böse Feind, der einen Bosheit noch weitere Bosheiten folgen zu lassen: zu den Kämpfen im Inneren begann er, dem Bruder Rufinus auch äußerlich mit falschen Erscheinungen zuzusetzen.

So erschien er ihm einmal in der Gestalt des Gekreuzigten und sagte zu ihm: «Bruder Rufinus, warum quälst du dich mit

penitenzia e in orazioni, con ciò sia cosa che tu non sia de' predestinati a vita eterna? E credimi, ch'io so cui ho eletto e predestinato, e non credere al figliuolo di Pietro Bernardoni s'egli ti dicessi il contrario. E anche non ne lo domandare di questa materia, imperò che né egli né niuno degli altri il sa, se non io che sono Figliuolo di Dio. E però credimi per certo, che tu se' del numero de' dannati; e il figliuolo di Pietro Bernardoni, tuo padre, non m'è piaciuto di fare de' mie' eletti, e anche il padre suo è dannato, e chiunque il séguita è ingannato.

E dette queste parole, di subito disparve. E frate Ruffino incominciò a essere sì ottenebrato dal principe delle tenebre, che già perdeva ogni fede e amore ch'egli avea avuto in santo Francesco, e non si curava di dirgliene nulla.

Ma quello che al padre santo non disse frate Ruffino, revelò lo Spirito Santo. Onde, veggendo in ispirito santo Francesco tanto pericolo del detto frate, mandò frate Masseo per lui. Al quale frate Ruffino rispuose rimbrottando: – Che ho io a fare con frate Francesco? – Allora frate Masseo, pieno di tutta sapienzia divina, cognoscendo la fallacia del demonio, disse: – O frate Ruffino, non sai tu che frate Francesco è come un angelo di Dio, il quale hae illuminato tante anime nel mondo, e dal quale noi abbiamo ricevuto la grazia di Dio? onde io voglio che a ogni partito che tu venghi a lui, imperò che io ti veggio chiaramente essere ingannato dal demonio.

E, detto questo, frate Ruffino si mosse e andò a santo Francesco. E veggendolo da lunge santo Francesco venire, cominciò a gridare: – O frate Ruffino cattivello, a cui ha' tu creduto? – E giugnendo frate Ruffino a lui, santo Francesco sì gli disse per ordine tutta la tentazione ch'egli aveva avuta dal demonio, e dentro e di fuori, mostrandogli chiaramente che colui che gli era apparito era il diavolo, e non Cristo, che per niuno modo egli doveva acconsentire alle sue sugge-

Buße und Gebet, wo doch sicher ist, daß du nicht zu den zum ewigen Leben Auserwählten gehörst? Glaub mir, denn ich weiß, wen ich auserwählt und vorbestimmt habe; glaub nicht dem Sohn des Pietro Bernardone, wenn er dir das Gegenteil sagt. Frag ihn gar nicht in dieser Angelegenheit, denn weder er noch einer der anderen weiß es, nur ich allein, der ich Gottes Sohn bin. Glaub mir daher gewiß, daß du zu der Schar der Verdammten zählst; und es hat mir nicht gefallen, den Sohn des Pietro Bernardone, deinen Vater, unter die Auserwählten aufzunehmen, und auch sein Vater ist verdammt, und wer immer ihm nachfolgt, ist betrogen.»

Kaum hatte er diese Worte gesagt, verschwand er. Bruder Rufinus verdüsterte sich wegen des Fürsten der Dunkelheit, so daß er das ganze frühere Vertrauen und die Liebe zu dem heiligen Franziskus verlor. Er ließ es sich nicht angelegen sein, ihm davon zu erzählen.

Aber was Bruder Rufinus dem heiligen Vater nicht erzählte, das offenbarte diesem der Heilige Geist. Als der heilige Franziskus im Geist sah, wie gefährdet dieser Bruder war, schickte er Bruder Masseo zu ihm. Dem antwortete Bruder Rufinus mürrisch: «Was habe ich mit Bruder Franziskus zu tun?» Da erkannte Bruder Masseo, erfüllt von göttlicher Weisheit, die List des Teufels und sagte: «Oh Bruder Rufinus, weißt du nicht mehr, daß Bruder Franziskus einem Engel Gottes gleicht, Franziskus, der so viele Seelen in der Welt erleuchtet hat und von dem wir die göttliche Gnade erhalten haben? Ich will auf jeden Fall, daß du zu ihm kommst, denn ich sehe deutlich, daß du vom Teufel hintergangen bist.»

Als er das gesagt hatte, machte Bruder Rufinus sich auf und ging zum heiligen Franziskus. Als der heilige Franziskus ihn von weitem kommen sah, da rief er schon: «Oh du törichter Bruder Rufinus, wem hast du geglaubt?» Und als Bruder Rufinus dicht bei ihm war, sagte ihm der heilige Franziskus auf den Kopf zu, wie die Versuchung durch den Teufel sich der Reihe nach zugetragen hatte, innerlich und äußerlich. Dabei bewies er ihm klar, daß der, der ihm erschienen war, der Teufel und nicht Christus gewesen sei, und daß er dessen Einflüsterungen durchaus nicht nachgeben dürfe. «Und wenn der Teu-

stioni. – Ma quando il demonio ti dice più: «Tu se' dannato», e tu gli rispondi: «Apri la bocca, e mo vi ti caco.» E questo ti sia segnale ch'egli è il diavolo, e non Cristo, imperò che, dato che tu gli arai tale risposta, immantanente fuggirà via. A questo tu dovevi conoscere ancora ch'egli era il demonio, imperò ch'egli t'indurò il cuore a ogni bene, la qual cosa è proprio suo ufficio. Ma Cristo benedetto mai non indura il cuor dell'uomo fedele, anzi l'ammorbida, secondo che dice per bocca del profeta: «Io vi torrò il cuore di pietra, e daròvvi il cuore di carne.»

Allora, veggendo frate Ruffino che santo Francesco gli diceva così per ordine tutto il fatto e 'l modo della sua tentazione, compunto per le sue parole, cominciò a lagrimare fortissimamente, e adorare santo Francesco, e umilmente ricognoscere la colpa sua in aver celata la sua tentazione. E così rimase tutto consolato e confortato per gli ammonimenti del padre santo, e tutto mutato in meglio.

Poi finalmente gli disse santo Francesco: – Va, figliuolo, e confèssati, e non lasciare lo studio dell'orazione usata, e sappi per certo che questa tentazione ti farà grande utilità e consolazione, e in brieve tempo il proverai.

Ritornasi frate Ruffino alla cella sua nella selva; e standosi con molte lagrime in orazione, ed eccoti venire il nimico in persona di Cristo secondo l'apparenza di fuori, e dicegli: – O frate Ruffino, non t'ho io detto che tu non creda al figliuolo di Pietro Bernardoni, e che tu non ti affatichi in lagrime e in orazioni, però che tu se' dannato? che bisogna affliggerti mentre che tu se' vivo, e poi, quando tu sarai morto, sarai dannato? – E subitamente frate Ruffino gli rispuose: – Apri la bocca, e mo vi ti caco. – Di che il demonio isdegnato, immantanente si parte con tanta tempesta e commozione di pietre del
108 monte Subasio che era ivi allato, che per grande spa-
109 zio bastò il rovinìo delle pietre che cadevano giù,

fel dir wieder sagt ‹du bist verdammt›, so antworte ihm: ‹Mach das Maul auf, dann scheiß ich dir drauf›. Und das sei dir ein Zeichen, daß es der Teufel ist und nicht Christus: Wenn du ihm so antwortest, flieht er augenblicklich. Du hättest aber auch erkennen können, daß es der Teufel war, weil er nämlich dein Herz gegen alles Gute verhärtet hat, wie es eben sein Geschäft ist. Der gesegnete Christus wird nie das Herz eines gläubigen Menschen verhärten, sondern er wird es erweichen, wie er durch den Mund des Propheten spricht: ‹Ich will euer Herz von Stein wegnehmen und euch ein Herz von Fleisch geben.›»

Als Bruder Rufinus sah, wie der heilige Franziskus ihm die Art und Weise seiner Versuchung der Reihe nach vorhielt, begann er auf seine Worte hin voll Reue bitterlich zu weinen; er warf sich vor dem heiligen Franziskus nieder und bekannte demütig seine Schuld, die Anfechtung verborgen gehalten zu haben. Er wurde aber endlich getröstet und gestärkt durch die Ermahnungen des heiligen Vaters und ganz zum Besseren gewandelt.

Zu guter Letzt sagte der heilige Franziskus zu ihm: «Geh, mein Sohn, und beichte, und laß nicht nach im Eifer des gewohnten Gebets, und sei gewiß, daß dir diese Anfechtung zu großem Nutzen und Trost werden wird; das wirst du in Kürze erfahren.»

Bruder Rufinus kehrte in seine Zelle im Wald zurück. Während er unter vielen Tränen betete, erschien ihm der böse Feind, dem äußeren Anschein nach, in der Gestalt Christi und sprach zu ihm:

«Oh Bruder Rufinus, habe ich dir nicht gesagt, du sollst dem Sohn des Pietro Bernardone nicht glauben und dich nicht unter Tränen in Gebeten abmühen, da du doch verdammt bist? Wozu quälst du dich dein Leben lang, wo du doch nach deinem Tod verdammt sein wirst?» Da antwortete ihm Bruder Rufinus rasch: «Mach das Maul auf, dann scheiß ich dir drauf.»

Empört darüber entfernte sich der Teufel in einem solchen Gewitter und Beben der Felsen des nahen Monte Subasio, daß man geraume Zeit nur

ed era sì grande il percuotere che facevano insieme nel rotolare, che sfavillavano fuoco orribile giù per la valle. E al romore terribile ch'elle faceano, santo Francesco e' compagni con grande ammirazione uscirono fuori del luogo, a vedere che novità fosse questa. E ancora vi si vede quella rovina grandissima di pietre.

Allora frate Ruffino manifestamente s'avvide, che colui era istato il demonio il quale l'avea ingannato. E tornando a santo Francesco, anche da capo si gitta in terra, e ricognosce la colpa sua. E santo Francesco il conforta anche, con dolci parole, e màndanel tutto consolato alla sua cella. Nella quale standosi egli in orazione divotissimamente, Cristo benedetto gli apparve, e tutta l'anima sua riscaldò del divino amore, e disse: – Bene facesti, figliuolo, che credesti a frate Francesco, imperò che colui che t'avea contristato era il demonio; ma io sono Cristo, tuo maestro, e per fartene ben certo che io sono Cristo, io te ne do questo segnale, che mentre che tu viverai non sentirai mai tristizia niuna né malinconia. – E detto questo, si partì Cristo, lasciandolo con tanta allegrezza e dolcezza di spirito ed elevazione di mente, che 'l dì e la notte era assorto e rapito in Dio.

E d'allora innanzi fu sì confermato in grazia e sicurtà della sua salute, che tutto diventò mutato in altro uomo, e sarebbesi stato il dì e la notte in orazione a contemplare le cose divine, se altri l'avesse lasciato. Onde dicea santo Francesco di lui, cioè di frate Ruffino, ch'egli era in questa vita canonizzato da Gesù Cristo: ché, fuori che dinanzi a lui, egli non dubiterebbe di dire: – santo Ruffino – benché fosse ancora vivo in terra. A laude di Cristo. Amen.

das Stürzen der fallenden Steine hörte, und so heftig schlugen sie beim Herunterrollen gegeneinander, daß ein Funkenregen das Tal schrecklich erhellte. Wegen des furchtbaren Lärms, den sie machten, traten der heilige Franziskus und seine Gefährten in großer Verwunderung vor das Kloster, um zu sehen, was da Merkwürdiges geschah. Noch heute sieht man dort das ungeheuere Trümmerfeld.

Da erkannte Bruder Rufinus deutlich, daß es der Teufel gewesen war, der ihn getäuscht hatte. Er kehrte zum heiligen Franziskus zurück und warf sich ihm nochmals vor die Füße und bekannte seine Schuld. Der heilige Franziskus aber tröstete ihn mit sanften Worten, und so getröstet schickte er ihn in seine Zelle zurück. Als er dort in tiefer Demut im Gebet verharrte, erschien ihm Christus, der Gesegnete, und sagte, so daß seine Seele in göttlicher Liebe erglühte: «Du hast wohlgetan, mein Sohn, dem heiligen Franziskus zu glauben. Der nämlich, der dich so schwer betrübt hat, war der Teufel, ich aber bin Christus, dein Meister, und als sicheres Zeichen dafür, daß ich Christus bin, wirst du, solange du lebst, nie mehr Trauer noch Schwermut verspüren.» Als er das gesagt hatte, entschwand Christus; im Geist des Bruders Rufinus blieb eine solche Heiterkeit und Süße zurück, und seine Seele war so erhoben, daß er einen Tag und eine Nacht lang in sich versunken und in Gott entrückt war.

Von da an war er so bestärkt in der Gnade und Gewißheit seines Heils, daß er zu einem vollkommen neuen Menschen wurde, und er hätte wohl Tag und Nacht im Gebet und in der Betrachtung der göttlichen Dinge zugebracht, wenn die anderen es zugelassen hätten. Darum sagte der heilige Franziskus von ihm, daß Bruder Rufinus schon in diesem Leben von Jesus Christus heiliggesprochen sei, und er selber zögere nicht, ihn den heiligen Rufinus zu nennen, obwohl er noch auf Erden lebte, ausgenommen in seiner Gegenwart. Zum Lobe Christi. Amen.

Come santo Francesco mandò frate Ruffino ignudo nato ad Ascesi e poi, per provare quella mortificazione, v'andò egli a quel modo, e féciono il dì molto frutto spirituale (xxx)

Era il detto frate Ruffino per la continua contemplazione sì assorto in Dio, che, quasi insensibile e mutolo diventato, e' rarissime volte parlava; e, appresso, non avea la grazia del predicare né la facundia nel parlare. Niente di meno santo Francesco una volta gli comandò, ch'egli andasse ad Ascesi, e predicasse al popolo ciò che Iddio gl'ispirasse.

Di che, frate Ruffino risponde: – Padre reverendo, io ti priego che tu mi perdoni e non mi mandi, imperò che, come tu sai, io non ho la grazia del predicare, e sono semplice e idioto. – Allora disse santo Francesco: – Poiché tu non m'hai ubbidito prestamente, sì ti comando per santa obbedienza che ignudo, solo co'panni di gamba, tu vada ad Ascesi, ed entri in una chiesa, e così ignudo predichi al popolo.

A questo comandamento frate Ruffino si spoglia, e nudo se ne va ad Ascesi, ed entra in una chiesa, e, fatta la reverenzia all'altare, sale in sul pergamo e comincia a predicare. Della qual cosa i fanciulli e gli uomini cominciarono a ridere, e diceano: – Or ecco, costoro fanno tanta penitenzia, che diventano stolti e fuori di sé.

112 In questo mezzo santo Francesco, ripensando della
113 pronta obbedienza di frate Ruffino, il quale era de' più

Wie der heilige Franziskus Bruder Rufinus nackt nach Assisi sandte, und selbst ebenso hinging, um die gleiche Demütigung zu erfahren, sie aber an jenem Tag reiche geistliche Ernte einbrachten

Der nämliche Bruder Rufinus war der dauernden Kontemplation wegen so sehr in Gott versunken, daß er fast unempfindlich und stumm geworden war und nur sehr selten sprach. Im übrigen besaß er weder die Gnade der Predigt noch Beredsamkeit. Nichtsdestoweniger gebot ihm der heilige Franziskus einmal, er möge nach Assisi gehen und dem Volk predigen, was Gott ihm eingebe.

Darauf antwortet Bruder Rufinus: «Verehrter Vater, ich bitte dich, daß du mir vergibst, und mich nicht aussendest, denn wie du weißt, habe ich nicht die Gnade zu predigen und bin ein einfacher und ungebildeter Mensch.» Da sagte der heilige Franziskus: «Da du mir nicht sofort gehorcht hast, befehle ich dir beim heiligen Gehorsam, daß du nackt, nur in Hosen, nach Assisi gehst und eine Kirche betrittst und so nackt dem Volk predigst.»

Auf dieses Geheiß hin entkleidet sich Bruder Rufinus, und nackt geht er nach Assisi und betritt eine Kirche. Nachdem er vor dem Altar seine Andacht verrichtet hat, besteigt er die Kanzel und beginnt zu predigen. Darüber begannen die Kinder und die Erwachsenen zu lachen und sie sagten: «Da sieht man es nun, die tun so viel Buße, daß sie darob dumm und von Sinnen werden.»

Inzwischen dachte der heilige Franziskus wieder an den bedingungslosen Gehorsam des Bruders Rufinus, der aus einer

gentili uomini d'Ascesi, e del comandamento duro che gli aveva fatto, cominciò a riprendere se medesimo, e dire: – Onde ha' tu avuto tanta presunzione, figliuolo di Pietro Bernardoni, vile omicciuolo, a comandare a frate Ruffino, il quale è de' più gentili uomini d'Ascesi, che vada ignudo a predicare al popolo come uno pazzo? per Dio, che tu poverai in te quello che tu comandi ad altrui.

E di subito, in fervore di spirito si spoglia egli ignudo simigliantemente, e vàssene ad Ascesi; e menò seco frate Leone, che recasse l'abito suo e quello di frate Ruffino. E veggendolo similemente gli ascesani, sì lo schernivano, reputando ch'egli e frate Ruffino fóssono impazzati per la troppa penitenzia.

Entra santo Francesco nella chiesa, dove frate Ruffino predicava queste parole: – O carissimi, fuggite il mondo, lasciate il peccato, rendete l'altrui, se voi volete schifare lo 'nferno; osservate e comandamenti di Dio, amando Iddio e 'l prossimo, se voi volete andare al cielo; e fate penitenzia, se voi volete possedere il reame del cielo. – E allora santo Francesco, ignudo, monta in sul pergamo e comincia a predicare egli sì maravigliosamente del dispregio del mondo, e della penitenzia santa, e della povertà volontaria, del desiderio del reame celestiale, e della nudità e obbrobrio della passione del nostro signore Gesù Cristo, che tutti quegli ch'erano alla predica, maschi e femmine, in grande moltitudine, cominciarono a piagnere fortissimamente con incredibile divozione e compunzione di cuore.

E non solamente ivi, ma per tutto Ascesi fu in quel dì tanto pianto della passione di Cristo, che mai non era stato lo simigliante. E così edificato e consolato il popolo dell'atto di santo Francesco e di frate Ruffino, allora santo Francesco rivestì frate Ruffino e sé, e così rivestiti si ritornarono al luogo della Porziuncola, lodando e glorificando Iddio, che avea loro dato grazia
114 di vincere se medesimi per dispregio di sé, e di
115 edificare le pecorelle di Cristo con buono esempio, e di

der edelsten Familien von Assisi war, und an den harten Befehl, den er gegeben hatte, und sagte sich: «Woher nimmst du diese Anmaßung, Sohn des Pietro Bernardone, elender, schlechter Mensch, daß du Bruder Rufinus, der aus einer der edelsten Familien Assisis stammt, befohlen hast, nackt dem Volk zu predigen, als wäre er ein Narr? Bei Gott, du sollst an dir selbst erfahren, was du dem anderen befohlen hast.»

Vom heiligen Geist beflügelt zieht er sich gleich nackt aus und geht nach Assisi; er nahm Bruder Leo mit, der seine Kleider und die des Bruders Rufinus tragen mußte. Als ihn die Bürger von Assisi so sahen, verlachten sie ihn sehr, denn sie dachten, er und Bruder Rufinus seien wegen der vielen Bußübungen verrückt geworden.

Der heilige Franziskus betritt die Kirche, wo Bruder Rufinus diese Worte predigte: «Oh meine Geliebten, flieht die Welt, laßt ab von der Sünde, gebt zurück, was ihr euch angeeignet habt, wenn ihr der Hölle entgehen wollt; haltet die Gebote Gottes, liebt Gott und euren Nächsten, wenn ihr in den Himmel kommem wollt; und tut Buße, wenn ihr das Himmelreich erwerben wollt.» Da besteigt der heilige Franziskus nackt die Kanzel und beginnt so wunderbar von der Verachtung der Welt, von der heiligen Buße und der freiwilligen Armut, vom Verlangen nach dem Himmelreich und von der Nacktheit und Schmach der Passion unseres Herrn Jesus Christus zu predigen, daß alle, die bei der Predigt anwesend waren, Männer und Frauen in großer Zahl, von unglaublicher Demut und Reue im Herzen erfaßt wurden und heftig zu weinen begannen.

Und nicht nur dort, sondern in ganz Assisi beweinte man an jenem Tag Christi Passion so sehr, wie es noch nie in ähnlicher Weise geschehen war. Nachdem das Volk durch das Wirken des heiligen Franziskus und des Bruders Rufinus erbaut und getröstet war, bekleidete der heilige Franziskus Bruder Rufinus und sich, und so bekleidet kehrten sie zum Kloster Porziuncola zurück und lobten und priesen Gott, der ihnen die Gnade verliehen hatte, sich selbst zu überwinden, indem sie sich selbst gering achteten, und gleichzeitig die Schäflein Christi mit gutem Beispiel zu erbauen und ihnen zu beweisen, welchen

mostrare quanto è utile a dispregiare il mondo. E quel dìe crebbe tanto la divozione del popolo inverso di loro, che beato si riputava chi poteva loro toccare l'orlo dell'abito. A laude di Cristo. Amen.

Come santo Francesco, per divina volontà, conosceva le virtù e le colpe de' suoi frati; come e' diceva che frate Ruffino era canonizzato da Cristo (XXXI)

Sì come il nostro signore Gesù Cristo dice nel Vangelio: «Io cognosco le mie pecore, ed elleno cognoscono me», e così il beato padre santo Francesco, come buono pastore, tutti i meriti e virtù de' suoi compagni per divina revelazione sapea, e cognosceva i loro difetti. Per la qual cosa, egli sapea a tutti provvedere d'ottimo rimedio, cioè umiliando i superbi, esaltando gli umili, vituperando i vizi, lodando le virtudi, sì come si legge nelle mirabili revelazioni le quali avea egli di quella sua famiglia primitiva.

Tra le quali si truova che una volta, essendo santo Francesco colla detta famiglia in uno luogo in ragionamento con Dio, e frate Ruffino non essendo con loro in quello ragionamento, ma era nella selva in contemplazione, procedendo in quello ragionare di Dio, ecco frate Ruffino uscire dalla selva, e passò alquanto di lungi a costoro. Allora, santo Francesco veggendolo si rivolse a' compagni, e domandòlli dicendo: – Ditemi, qual credete in voi che sia la più santa anima la quale Iddio ha ora nel mondo? – E rispondendogli costoro che credevano ch'ella fosse la sua, santo Francesco disse loro: – Io, carissimi frati, sono da me e 'l più indegno e 'l più vile uomo che Iddio abbia in questo mondo. Ma vedete voi quel frate Ruffino, il quale esce ora della selva? Iddio m'ha rivelato che l'anima sua è
 una delle tre più sante anime che Iddio abbia in questo
 mondo; e fermamente io vi dico ch'io non dubiterei di

Gewinn es bringt, die Welt zu verachten. An jenem Tag stieg die Verehrung des Volkes für sie so sehr, daß sich jeder glücklich schätzte, der den Saum ihres Gewandes berühren konnte. Zum Lobe Christi. Amen.

Wie der heilige Franziskus nach göttlichem Willen Tugend und Schuld seiner Brüder erkannte und wie er sagte, Bruder Rufinus sei von Christus heiliggesprochen

Wie unser Herr Jesus Christus im Evangelium spricht: «Ich kenne meine Schafe, und sie kennen mich», so wußte der selige Vater, der heilige Franziskus, durch göttliche Offenbarung um die Verdienste und Tugenden seiner Gefährten, und er kannte auch ihre Fehler. Aus diesem Grund wußte er für alle das allerbeste Mittel, indem er die Stolzen demütigte, die Demütigen erhob, die Fehler tadelte, die Tugenden rühmte, gerade so wie er es aus den wunderbaren Offenbarungen wußte, die er über seine erste Ordensgemeinschaft gehabt hatte.

So trug es sich einmal zu, daß der heilige Franziskus mit dieser Gemeinschaft in einem Kloster ein Gespräch über Gott führte. Bruder Rufinus war bei diesem Gespräch nicht dabei, sondern er befand sich im Wald in frommer Betrachtung. Während das Gespräch über Gott weiter ging, trat auf einmal Bruder Rufinus aus dem Wald heraus und ging in einiger Entfernung an ihnen vorbei. Als der heilige Franziskus das sah, wandte er sich an seine Gefährten und stellte ihnen die Frage: «Sagt mir, was glaubt ihr bei euch, welche ist die heiligste Seele, die Gott gegenwärtig auf der Welt hat?» Als jene ihm antworteten, sie glaubten, es wäre die seine, sagte der heilige Franziskus zu ihnen: «Liebste Brüder, für mich bin ich der unwürdigste und niedrigste Mensch, den Gott auf dieser Welt hat. Seht ihr aber den Bruder Rufinus, der eben aus dem Wald kommt? Gott hat mir geoffenbart, daß seine Seele eine der drei heiligsten ist, die Gott auf dieser Welt hat; und ich sage euch voll Überzeugung, daß ich nicht zögern würde, ihn schon zu

chiamarlo santo Ruffino in vita sua, con ciò sia cosa che l'anima sua sia confermata in grazia, e in cielo santificata e canonizzata dal nostro signore Gesù Cristo. – E queste parole non diceva mai santo Francesco, in presenzia del detto frate Ruffino.

Similemente, come santo Francesco cognosceva i difetti de' suoi frati si comprende chiaramente in frate Elia, il quale spesse volte riprendeva della sua superbia, e in frate Giovanni della Cappella, al quale predisse ch'egli medesimo si impiccherebbe per la gola; e così in quel frate al quale il demonio teneva stretta la gola quando era corretto della disubbidienza, e in molti altri frati i cui difetti segreti e le virtù chiaramente egli cognosceva per revelazione di Cristo benedetto. Amen.

Come santa Chiara, essendo gravemente inferma, fu portata miracolosamente dalla cella alla chiesa (XXXV)

Essendo una volta santa Chiara gravemente inferma, sì ch'ella non poteva punto andare a dire l'ufficio in chiesa con l'altre monache, vegnendo la solennità della natività di Cristo tutte l'altre suore andarono al mattutino, ed ella sola rimase nel letto, malcontenta ch'ella insieme coll'altre non potea andare e avere quella consolazione spirituale.

Ma Gesù Cristo suo sposo, non volendola lasciare così sconsolata, sì la fece miracolosamente portare agli angeli alla chiesa di santo Francesco, ed essere a tutto l'ufficio del mattutino e della messa della notte; oltr'a questo, ricevette la santa comunione; e poi la fece riportare al letto suo.

Tornate le monache a santa Chiara, compiuto l'ufficio in Santo Damiano, sì le dissono: – O madre nostra suora Chiara, come grande consolazione
118 abbiamo avuta in questa santa notte della natività di
119 Cristo! or fosse piaciuto a Dio che voi fossi stata con

Lebzeiten den heiligen Rufinus zu nennen, denn es ist gewiß, daß seine Seele in der Gnade bestätigt und im Himmel geheiligt und von unserem Herrn Jesus Christus selig genannt worden ist.» Solche Worte sagte der heilige Franziskus jedoch nie in Gegenwart des besagten Bruders Rufinus.

Ebenso kannte der heilige Franziskus die Fehler seiner Brüder. Das wissen wir genau von Bruder Elias, den er häufig wegen seines Stolzes tadelte, und von Bruder Giovanni della Cappella, dem er voraussagte, er werde sich erhängen, und ebenso von dem Bruder, dem der Teufel die Kehle zuschnürte, als er wegen Ungehorsams getadelt wurde. Auch bei vielen anderen Brüdern wußte er genau Bescheid um die verborgenen Fehler und Tugenden, die der gesegnete Christus ihm geoffenbart hatte. Amen

Wie die heilige Clara, die schwer krank war, auf wunderbare Weise aus der Zelle in die Kirche gebracht wurde

Einmal war die heilige Clara so schwer erkrankt, daß sie überhaupt nicht imstande war, mit den anderen Nonnen am Stundengebet in der Kirche teilzunehmen. Als das Fest der Geburt Christi kam, gingen alle anderen Schwestern zum Morgenlob; sie allein blieb im Bett, gar nicht zufrieden damit, daß sie nicht mit den anderen gehen und an jenem geistlichen Trost teilhaben konnte.

Aber Jesus Christus, ihr Bräutigam, wollte sie nicht ungetröstet lassen, und ließ sie auf wunderbare Weise von seinen Engeln in die Kirche des heiligen Franziskus bringen und am Morgenlob und an der Mitternachtsmette teilhaben; darüber hinaus empfing sie das heilige Abendmahl; dann ließ er sie in ihr Bett zurückbringen.

Als die Nonnen nach dem Gottesdienst in San Damiano zu der heiligen Clara zurückkehrten, sagten sie zu ihr: «Oh Schwester Clara, geliebte Mutter, welch großen Trost haben wir in dieser heiligen Nacht der Geburt Christi empfangen! Hätte es doch Gott gefallen, euch bei uns sein zu lassen!» Und

noi! – E santa Chiara rispuose: – Lode e grazie rendo al mio signore Gesù Cristo benedetto, sirocchie mie e figliuole mie carissime, imperò che a ogni solennità di questa santissima notte, e maggiore che voi non siete state, sono stata io con molta consolazione dell'anima mia; però che, a procurazione del mio padre santo Francesco e per la grazia del mio signore Gesù Cristo, io sono stata presente nella chiesa del padre mio santo Francesco, e co' mie' orecchi corporali e mentali ho udito tutto il canto e il sonare degli organi che vi s'è fatto, ed ivi medesimo ho presa la santa comunione. Onde, di tanta grazia a me fatta rallegratevi e ringraziate il nostro signore Gesù Cristo. – Amen.

Come frate Leone ebbe una bella e mirabile visione, e in che modo santo Francesco la dichiarò (XXXVI)

Una volta che santo Francesco era gravemente infermato, e frate Leone lo serviva, il detto frate Leone, stando in orazione presso a santo Francesco, fu rapito in estasi e menato in spirito a uno fiume grandissimo, largo e impetuoso. E stando egli a guatare chi passava, egli vide alquanti frati, caricati, intrare in questo fiume, i quali subitamente erano abbattuti dall'impeto del fiume e affogavano; alquanti altri andavano infino a terzo, alquanti infino a mezzo il fiume; alquanti infino presso all'altra proda; i quali tutti, per l'impeto del fiume e pe' pesi che portavano addosso,

die heilige Clara antwortete: «Lob und Dank bringe ich meinem gesegneten Herrn Jesus Christus dar, meine Schwestern, meine geliebten Töchter, denn bei allen feierlichen Gottesdiensten dieser geheiligten Nacht, ja, bei einem noch feierlicheren als ihr ihn hattet, bin ich zum großen Trost meiner Seele dabeigewesen; denn durch die Fürsprache meines Vaters, des heiligen Franziskus, und die Gnade meines Herrn Jesus Christus bin ich in der Kirche meines Vaters, des heiligen Franziskus, gewesen und mit meinen leiblichen und geistigen Ohren habe ich den Gesang und den Klang der Orgeln dort gehört, und habe dort selbst das Abendmahl genommen. Darum freut euch der großen Gnade, die mir zuteil geworden ist, und dankt unserem Herrn Jesus Christus.» Amen.

Wie Bruder Leo ein wunderbares Gesicht hatte,
und auf welche Weise der heilige Franziskus es ihm deutete

Einmal war der heilige Franziskus schwer krank, und Bruder Leo pflegte ihn. Als der besagte Bruder Leo im Gebet neben dem heiligen Franziskus verweilte, wurde er entrückt und im Geist an einen riesigen, breiten und reißenden Fluß gebracht. Während er da stand und die, die hinüber wollten, beobachtete, sah er einige Mönche schwer beladen in den Fluß waten. Sie wurden gleich von der Gewalt der Strömung erfaßt und ertranken. Etliche legten ein Drittel der Strecke zurück, etliche erreichten die Mitte des Flusses, einige sogar fast das andere Ufer; schließlich aber gerieten sie doch in der reißenden Strömung wegen der Lasten, die sie trugen, zu Fall und ertran-

finalmente cadevano e annegavano. Veggendo ciò, frate Leone avea loro grandissima compassione.

Subitamente, stando così, ed eccoti venire una grande moltitudine di frati sanza incarico veruno o peso di niuna cosa, ne' quali riluceva la santa povertà, ed entrando in questo fiume passarono di là sanza alcuno pericolo. E veduto questo, frate Leone tornò in sé.

Allora santo Francesco, sentendo in ispirito che frate Leone avea veduto alcuna visione, sì 'l chiama a sé e domàndalo quello che egli avea veduto. E detto che gli ebbe frate Leone predetto tutta la visione per ordine, disse santo Francesco: – Ciò che tu hai veduto è vero. Il grande fiume è questo mondo; i frati che affogavano nel fiume sono quegli che non seguitano la evangelica professione, e spezialmente quanto all'altissima povertà. Ma coloro che sanza pericolo passavano, sono quegli frati i quali niuna cosa terrena né carnale cercano né posseggono in questo mondo, ma abbiendo solamente il temperato vivere e vestire, sono contenti seguitando Cristo nudo in croce, e il peso e giogo soave di Cristo e della santa obbedienzia portano allegramente e volentieri, e però agevolmente della vita temporale passano a vita eterna. A laude di Cristo. Amen.

Come a santo Francesco fu rivelato che frate Elia era dannato, e come il detto frate mutò sua vita, e santo Francesco orò per lui, ed egli fu salvo (XXXVIII)

Dimorando una volta in un luogo insieme di famiglia santo Francesco e frate Elia, fu rivelato da Dio a santo Francesco che frate Elia era dannato, e dovea apostatare dall'Ordine, e finalmente morire fuori dell'Ordine. Per la qual cosa santo Francesco concepette una
122 cotale dispiacenzia inverso di lui, in tanto che non
123 gli parlava né conversava con lui. E se avvenisse

ken. Als er das sah, empfand Bruder Leo sehr großes Mitleid mit ihnen.

Und auf einmal, während er so dastand, kam eine große Menge Brüder ohne irgendeine Last, ohne die kleinste Bürde, aus denen leuchtete die heilige Armut, und als sie in den Fluß hineingingen, durchquerten sie ihn ohne jede Gefahr. Als er das gesehen hatte, kam Bruder Leo wieder zu sich.

Der heilige Franziskus aber spürte innerlich, daß Bruder Leo ein Gesicht gehabt hatte. Also rief er ihn zu sich und fragte ihn, was er gesehen habe. Als ihm der besagte Bruder Leo das ganze Gesicht genau erzählt hatte, sagte der heilige Franziskus: «Was du gesehen hast, ist wahr. Der große Fluß ist diese Welt, die Brüder, die im Fluß ertrinken, sind jene, die nicht der Verkündigung des Evangeliums folgen, besonders, was die äußerste Armut betrifft. Jene aber, die ohne Gefahr hinüberkamen, sind die Brüder, die weder irdisches noch fleischliches Gut auf dieser Welt anstreben oder besitzen, sondern nur das Nötigste zum Leben und Anziehen haben und es zufrieden sind, dem nackten, gekreuzigten Christus zu folgen, und die Last und das süße Joch Christi und des heiligen Gehorsams fröhlich und gerne tragen und daher leicht aus dem zeitlichen in das ewige Leben hinübergehen.» Zum Lobe Christi. Amen.

Wie dem heiligen Franziskus geoffenbart wurde, daß Bruder Elias verdammt sei, und wie dieser sein Leben änderte und der heilige Franziskus für ihn betete und er gerettet wurde

Einmal weilte der heilige Franziskus mit den Brüdern und Bruder Elias gemeinsam in einem Kloster. Da wurde dem heiligen Franziskus von Gott geoffenbart, daß Bruder Elias verdammt sei und bestimmt, den Orden zu verlassen und schließlich zu sterben, ohne dem Orden anzugehören. Aus diesem Grund empfand der heilige Franziskus solches Mißfallen an ihm, daß er weder zu ihm noch mit ihm sprach. Und

alcuna volta che frate Elia andasse inverso di lui, egli torceva la via e andava in altra parte per non si scontrare in lui.

Di che, frate Elia si cominciò a vedere, e comprendere che santo Francesco avea dispiacere di lui; onde, vogliendo sapere la cagione, uno dì s'accostò a santo Francesco per parlargli; e schifandolo santo Francesco, frate Elia sì 'l ritenne cortesemente per forza e cominciòllo a pregare discretamente che gli piacesse di significargli la cagione, per la quale egli schifava così la sua compagnia e 'l parlar con seco. E santo Francesco gli risponde: – La cagione si è questa, imperò che m'è stato revelato da Dio che pe' tuoi peccati apostaterai dall'Ordine e morrai fuori dell'Ordine, e anche m'ha Iddio revelato che tu se' dannato.

Udendo questo frate Elia dice così: – Padre mio reverendo, io ti priego per l'amore di Gesù Cristo che per questo tu non mi schifi né scacci da te, ma, come buono pastore e discepolo di Cristo, ritruova e ricevi la pecora che perisce se tu non l'aiuti. E priega Iddio per me che, se può essere, egli rivochi la sentenzia della mia dannazione, imperò che si truova scritto che Iddio sa rivocare la sentenzia se 'l peccatore ammenda il suo peccato; e io ho tanta fede nelle tue orazioni che, s'io fussi nel mezzo dello inferno e tu facessi per me orazione a Dio, io sentirei alcuno refrigerio. Onde, ancora io ti priego che me, peccatore, tu raccomandi a Dio, il quale venne per salvare i peccatori, che mi riceva alla sua misericordia.

E questo diceva frate Elia con grande divozione e lagrime. Di che santo Francesco, come pietoso padre, gli promise di pregare Iddio per lui, e così fece. E pregando Iddio divotissimamente per lui, intese per revelazione che la sua orazione era da Dio esaudita, quanto alla revocazione della sentenzia della dannazione di frate Elia, e che finalmente l'anima sua sarebbe salva, ma che per certo egli s'uscirebbe dall'Ordine, e fuor dell'Ordine si morrebbe.

wenn es einmal vorkam, daß Bruder Elias auf ihn zuging, so machte er einen Bogen und ging auf die andere Seite, um nicht mit ihm zusammenzutreffen.

Daraus begann Bruder Elias zu erkennen und zu verstehen, daß der heilige Franziskus sein Mißfallen an ihm gefunden hatte. Da er den Grund dafür wissen wollte, trat er eines Tages an den heiligen Franziskus heran, um mit ihm zu reden. Weil der heilige Franziskus ihm auswich, hielt ihn Bruder Elias höflich, doch gewaltsam zurück und begann ihn demütig zu bitten, es möge ihm gefallen, ihm den Grund zu sagen, weshalb er seine Gesellschaft und das Gespräch mit ihm mied. Und der heilige Franziskus antwortete ihm: «Der Grund dafür ist, daß du um deiner Sünden willen den Orden verleugnen und sterben wirst, ohne dem Orden anzugehören; zudem hat Gott mir geoffenbart, daß du vedammt bist.»

Als er das hörte, sagte Bruder Elias: «Ehrwürdiger Vater, ich bitte dich um der Liebe Jesu Christi willen, daß du mich deshalb nicht meidest noch von dir weist, sondern wie ein guter Hirte und Jünger Christi das Schäflein wiederfindest und aufnimmst, das zu Grunde geht, wenn du ihm nicht hilfst. Und bete zu Gott für mich, er möge, wenn es sein kann, das Urteil, das mich verdammt, aufheben; da doch geschrieben steht, daß Gott den Urteilsspruch aufheben kann, wenn der Sünder seine Sünde bereut; ich habe solches Vertrauen zu deinen Gebeten, daß ich, wäre ich auch mitten in der Hölle, Kühlung empfände, wenn du für mich ein Gebet an Gott richtetest. Daher bitte ich dich nochmals, empfiehl mich sündigen Menschen dem Herrn, der gekommen ist, die Sünder zu retten; bitte ihn, er möge mich in seiner Barmherzigkeit annehmen.»

Das sagte Bruder Elias mit großer Demut und unter Tränen. Daher versprach der heilige Franziskus als frommer Vater, Gott für ihn zu bitten, und das tat er. Und da er Gott voll Demut für ihn bat, wurde ihm geoffenbart, daß sein Gebet von Gott so weit erhört worden sei, daß der Urteilsspruch, der Bruder Elias verdammte, wieder aufgehoben sei. Seine Seele werde schließlich gerettet werden, es sei aber gewiß, daß er aus dem Orden austreten und sterben werde, ohne ihm anzugehören.

E così avvenne. Imperò che, ribellandosi dalla Chiesa Federigo re di Cicilia, ed essendo scomunicato dal papa egli e chiunque gli dava aiuto e consiglio, il detto frate Elia, il quale era reputato uno de' più savi uomini del mondo, richiesto dal detto re Federigo s'accostò a lui e diventò ribello della Chiesa e apostatò dell'Ordine. Per la qual cosa e' fu scomunicato dal papa e privato dell'abito di santo Francesco. E stando così scomunicato, infermò gravemente. La cui infermità udendo un suo fratello frate laico, il quale era rimaso nell'Ordine ed era uomo di buona vita e onesta, sì l'andò a visitare, e fra l'altre cose sì gli disse: – Fratel mio carissimo, molto mi dolgo che tu se' scomunicato e fuori dell'Ordine tuo, e così ti morrai; ma se tu ci vedessi via o modo per lo quale io ti potessi trarre di questo pericolo, volentieri ne prenderei per te ogni fatica. – Risponde frate Elia: – Fratello mio, io non ci veggio altro modo, se non che tu vada al papa, e prièghilo che per l'amore di Dio e di santo Francesco suo servo, per li cui ammaestramenti io abbandonai il mondo, m'assolva dalla scomunica e restituiscami l'abito della Religione.

Dice questo suo fratello, che volentieri s'affaticherà per la sua salute. E partendosi da lui se n'andò a' piè del santo padre, pregandolo umilissimamente che faccia grazia al suo fratello per l'amor di Cristo e di santo Francesco suo servo. E come piacque a Dio, il papa gli concedette ch'e' ritornasse e, se trovasse vivo frate Elia, l'assolvesse da sua parte della scomunicazione e restituìssegli l'abito.

Di che, costui si parte lieto, e con grande fretta ritorna a frate Elia, e truòvalo vivo, ma in su la morte. E sì l'assolvé della scomunicazione, e rimettègli l'abito.

E frate Elia passò di questa vita, e l'anima sua per li meriti di santo Francesco e per le sue orazioni, nelle
126 quali frate Elia avea avuta così grande speranza, me-
127 ritò d'avere misericordia. A laude di Cristo. Amen.

So geschah es auch. Als nämlich König Friedrich von Sizilien sich gegen die Kirche auflehnte und er mit allen, die ihm mit Hilfe und Rat beistanden, vom Papst in den Bann getan wurde, da wechselte besagter Bruder Elias, der als einer der weisesten Männer der Welt galt, auf Bitten dieses Königs Friedrich zu ihm über und wurde zum Rebellen der Kirche und Abtrünnigen des Ordens. Daher wurde er vom Papst gebannt und das Ordenskleid des heiligen Franziskus wurde ihm genommen. Während er im Bann war, erkrankte er schwer. Einer seiner Brüder, der im Orden geblieben war, ein rechtschaffener und aufrechter Mann, hörte von seiner Krankheit und ging ihn besuchen und sagte unter anderem zu ihm: «Liebster Bruder, es schmerzt mich sehr, daß du gebannt und aus deinem Orden ausgeschlossen bist und so sterben wirst; wenn du aber einen Weg oder ein Mittel siehst, wie ich dich aus dieser Gefahr befreien könnte, würde ich um deinetwillen gern jede Mühe auf mich nehmen.» Da antwortet Bruder Elias: «Mein Bruder, ich sehe kein anderes Mittel, als daß du zum Papst gehst und ihn bei der Liebe Gottes und beim heiligen Franziskus, seinem Knecht, wegen dessen Lehren ich einst die Welt verlassen habe, bittest, er möge mich vom Bann lösen und mir das Ordenskleid zurückgeben.»

Sein Bruder sagt, um seines Heiles willen wolle er diese Mühe gern auf sich nehmen. Und er ging und warf sich dem heiligen Vater zu Füßen und bat ihn voll Demut, er möge um der Liebe Christi und seines Knechtes, des heiligen Franziskus willen, seinem Bruder gnädig sein. Da es Gott gefiel, gestattete ihm der Papst, zurückzugehen und Bruder Elias, wenn er ihn noch am Leben fände, in seinem Namen vom Bann loszusprechen und ihm das Ordenskleid zurückzubringen.

Darob bricht jener fröhlich auf und kehrt in großer Eile zu Bruder Elias zurück und findet ihn noch lebend, aber schon im Sterben. Und er sprach ihn vom Bann los und legte ihm das Ordenskleid an.

Und Bruder Elias schied aus diesem Leben, und um der Verdienste des heiligen Franziskus und seiner Gebete willen, in die Bruder Elias so große Hoffnung gesetzt hatte, wurde seiner Seele Barmherzigkeit zuteil. Zum Lobe Christi. Amen.

Italien an der Wende vom 12. zum 13. Jahrhundert ist reich an religiösen Bewegungen. Viele Wanderprediger zogen durchs Land, Sekten bildeten sich und lösten sich wieder auf, Flagellanten riefen zur Buße, die Waldenser predigten Besitzlosigkeit nach dem Vorbild der frühen Christengemeinden. Auf diesem Boden entstand die franziskanische Bewegung. Sie entwickelte ein gemäßigtes Programm anstelle konfuser Forderungen, ein Programm, das in strenger Disziplin die Reform der Kirche von innen anstrebte. Der laute Protest gegen die Kirche wurde vom Geist der Versöhnung und der Freude aufgefangen und weitergetragen.

Giovanni di Bernardone, wurde 1181 oder 1182 in Assisi geboren. Sein Vater Pietro hatte Geschäftsverbindungen mit Frankreich, seine Mutter Pica stammte vielleicht aus der Provence, und er wurde wohl deshalb Francesco gerufen. Seine Jugend verlebte er wie die meisten Gleichaltrigen, Vergnügungen wechselten mit Kriegshändeln. Immerhin lernte er etwas lesen, schreiben, Latein und Französisch. Eine schwere Krankheit bewirkte eine religiöse Krise. Er zog sich in die Einsamkeit zurück, brach mit der Familie, verzichtete auf jeglichen Besitz, lebte nur noch von Almosen, in strengster Askese.

Die «Fioretti» erzählen darüber nichts. Sie berichten von da an, wo sich Gefährten ihm anschlossen, von den Schmähungen, denen sie ausgesetzt waren (2, 5), von ihrer Genügsamkeit (13), von den Aussätzigen, um die sie sich kümmerten (25). Die Anforderungen, die Franziskus an seine Gemeinschaft stellte, waren die aller monastischen Gemeinwesen: unbedingter Gehorsam, Keuschheit und Armut. Die bestehenden Ordensregeln lehnte er ab. Wenn er auch nicht außerhalb der Kirche stehen wollte, so wollte er doch seinen eigenen Weg gehen (36). Die junge Gemeinschaft fand Unterstützung bei Bischof Guido von Assisi, dann bei dem Kardinal Giovanni Colonna, später bei Kardinal Ugolino von Ostia, dem späteren Papst Gregor IX. (19). Franziskus und seine Brüder nannten sich fratres minores, die geringeren, die Minderbrüder, und distanzierten sich so auch von den wenige Jahre vorher gegründeten Dominikanern. Papst Innozenz III. gab mündlich seine Zustimmung zu der neuen Ordensgemeinschaft.

Die Brüder zogen hinaus, um zu predigen, zu zweit, ohne Schutzbriefe (4, 13). Niederlassungen in Spanien, Frankreich, England entstanden. Kirchenämter lehnten sie ab. 1212 wurde der Clarissenorden gegründet. Die Schwestern, erst unter der Obhut der Benediktinerinnen, hatten bald eigene Klöster (15, 35). Zu den ersten Vorschriften, die nicht schriftlich erhalten sind, kamen immer neue hinzu. Die Mitgliederzahl stieg. 1316, also nach kaum mehr als hundert Jahren, wird es in Italien bereits 567 Männer- und 198 Frauenklöster geben (Braunfels). Es war nicht leicht, die Einheit zu wahren. Der franziskanische Gedanke einer Gemeinschaft, die kein Orden sein sollte, ließ sich nicht verwirklichen. Die Kurie versuchte, nicht ohne Erfolg, die Kontrolle über die Bewegung zu erlangen.

Inzwischen hatte Franziskus selbst vergeblich versucht, von Spanien

nach Marokko zu gelangen. Andere Brüder waren ins Heilige Land gegangen, wo immer noch Kreuzfahrer kämpften. Schließlich erreichte Franziskus Ägypten. Als er zurückkam, versuchte er, immer wieder von Zweifeln heimgesucht (16), mit einer neuen Regel, der sogenannten ersten, die Entwicklung zu steuern (vgl. auch 4, 18). 1221 wurde die Gemeinschaft des Dritten Ordens gegründet. Die Tertiarier waren bereit, ihr Leben in den Dienst Gottes zu stellen, ohne in Ordensgemeinschaften zusammenzuleben (16).

1223 bestätigte Papst Honorius III. den Franziskanerorden durch eine Bulle. Die Regel wurde auf zwölf Kapitel reduziert. Die Brüder waren verpflichtet, sie immer mitzuführen (5). An der Spitze stand nun ein Ordensgeneral, ihm zur Seite standen Minister. Eine solche Organisation hatte Franziskus nicht gewollt. Sie war aber notwendig für das Fortbestehen der Gemeinschaft. Es kam zu heftigen Auseinandersetzungen unter den Brüdern, aber auch mit anderen Orden (4, 18, 36, 38). Franziskus selbst zog sich in die Einsamkeit des oberen Tibertales, nach La Verna, zurück. In dieser Zeit soll der «Cantico delle creature», der Sonnengesang, entstanden sein. Schwer krank wurde er schließlich nach Assisi gebracht; er starb 1226 im Kloster Porziuncola vor den Toren der Stadt. Seine Stigmatisierungen wurden erst nach seinem Tod allgemein bekannt. 1228 wurde er von Papst Gregor IX. heiliggesprochen. Längst hatten sich Legenden um Franziskus gebildet; die erste regelrechte Biographie wurde wenige Jahre nach seinem Tod von Thomas von Celano verfaßt.

Bruder Elias stand nun an der Spitze des Ordens. Unter seiner Leitung wurde unter Mitwirkung der bedeutendsten Künstler der Zeit die Kirche San Francesco in Assisi erbaut. Der Orden war jedoch gespalten. Die Spiritualen lehnten jeden Besitz ab, verurteilten den Bau der Klöster, den reichen Schmuck der Kirchen. Bruder Elias mußte den Orden verlassen (38); aber die Konventualen behaupteten sich trotzdem. Der Orden überstand alle Erschütterungen.

Eine reiche franziskanische Literatur entstand: sie umfaßt theologische, philosophische, hagiographische Schriften ebenso wie Traktate über Askese, Legenden und poetische Dichtungen. Ein Hauptthema besonders in den ersten Jahrzehnten nach dem Tod des Heiligen waren sein Leben und seine Wundertaten und das Entstehen der ersten Gemeinschaft. Zwischen 1280 und 1304 entstanden die «Actus beati Francisci et sociorum eius», eine Legendensammlung, die in mehreren Handschriften (Paris, Oxford, Florenz) erhalten ist. Der Verfasser ist mit ziemlicher Sicherheit der Franziskanermönch Ugolino da Monte Santa Maria (Montesangiorgio in den Marche). Er vertritt deutlich die Position der Spiritualen: äußerste Armut, aber auch äußerster Gehorsam stehen im Mittelpunkt. Er wendet sich dabei an jene Schicht von gebildeten Laien, die sich für die religiösen Fragen der Zeit interessierten und Latein beherrschten. Die gesteigerten Machtansprüche der Kirche gegen Ende des 13. Jahrhunderts hatten die Verweltlichung des Klerus begünstigt, wie sie auch in der Auseinandersetzung zwischen Bonifaz VIII. und Dante offenbar wird.

Das 14. Jahrhundert war von Kriegen und Katastrophen erschüttert, die Pest raffte Scharen von Menschen dahin – die Überlebenden wandten sich der Religion zu. Das Bedürfnis nach religiösen Schriften war groß, aber die Kenntnis des Lateinischen war stark zurückgegangen. Biblische und theologische Texte wurden jetzt in die Volkssprache übertragen.

Gegen Ende des Jahrhunderts, wohl zwischen 1370 und 1390, wählte ein unbekannter toskanischer Mönch, vielleicht aus Siena, 53 Kapitel aus den «Actus beati Francisci» aus und übersetzte sie ins *volgare:* die «Fioretti», kleine Blumen, eine Blütenlese aus der großen Zahl der Franziskuslegenden. Dazu kamen fünf Kapitel über die Stigmatisierungen, für die auch andere Quellen verwendet wurden. Im 15. Jahrhundert wurde die Sammlung durch Leben und Werk des heiligen Aegidius und das Leben des heiligen Gineprus ergänzt.

Petrocchi hat den lateinischen Text der «Actus» mit der «außerordentlich glücklichen Übertragung in die Volkssprache» verglichen (s. u.). Er hebt die Texttreue des Übersetzers, aber auch seinen Anspruch auf eigenen Ausdruck hervor, der bald zur Überlegenheit des einen, bald des anderen Textes führt. Unverkennbar ist auch eine gewisse pädagogische Absicht: auf manche Einzelheiten aus den «Actus» wird verzichtet, andere dagegen werden verstärkt, um dem Leser die franziskanische Botschaft möglichst tief ins Bewußtsein dringen zu lassen. Aus der theologischen Auseinandersetzung werden Bilder monastischer Frömmigkeit, die jedem zugänglich sind. Die Sprache der «Fioretti» ist von großer Innigkeit und Schlichtheit, das *volgare* ist längst zur Literatursprache geworden, die der Übersetzer der «Actus» mit großer Sicherheit verwendet.

Während die «Actus» nicht frei von polemischer Absicht sind und das kämpferische Sendungsbewußtsein des heiligen Franziskus zum Ausdruck bringen, sind die «Fioretti» eher eine allgemein gehaltene Mahnung, das Ideal der Armut nicht zu mißachten in einer Zeit, die endlich wieder von wirtschaftlichem, politischem und kulturellem Aufschwung geprägt ist. Natürlich haben sich die grundlegenden Themen durch die Übersetzung nicht geändert. Auch in den «Fioretti» geht es um Gehorsam, Demut, Bedürfnislosigkeit. Aber die leidenschaftliche Auseinandersetzung der kritischen Jahre des Ordens scheint gemildert, Sanftmut, Geduld, menschliches Verstehen treten stärker hervor.

Die «Fioretti» sind keine historische Quelle, mögen auch historische Ereignisse anklingen. Die einzelnen Kapitel sind ohne Zusammenhang. Neben Franziskus stehen die Brüder der ersten Gemeinschaft. In ihren Gesprächen treten sie uns mit ihren Vorzügen und Schwächen entgegen: der geduldige Bruder Leo, der demütige Bruder Bernhard, der stolze Bruder Elias, der vom Teufel geplagte Bruder Rufinus, der neugierige Novize. Nicht minder lebendig ist ihre Umgebung: die Zellen der Brüder, die Organisation des Klosterlebens, die umbrischen Wege im Winter, der geplünderte Weinberg, die lästigen Mäuse in der Zelle, die Versorgung des Generalkapitels. Neu ist, daß die Tiere als Geschwister in Gott angenommen werden. Sie sind mit menschlichen Wesenszügen ausge-

stattet und Vernunftgründen zugänglich. – Indem die «Fioretti» farbig und lebendig *erzählen*, bringen sie uns die Botschaft des heiligen Franziskus und seiner Brüder nahe.

Für die vorliegende Ausgabe wurden aus den 53 Kapiteln der «Fioretti» 25 ausgewählt und neu übersetzt. Drei davon (5, 13, 26) sind gekürzt. Die Übersetzung will dem Leser das Verstehen des Originaltextes erleichtern und ist daher so wortgetreu, wie es sich noch vertreten läßt.

B. B.

Bibliographie

Die «Fioretti di San Francesco» sind in zahlreichen Ausgaben verbreitet. Wir richten uns nach:

I fioretti di San Francesco, in: Prosatori minori del Trecento, Bd. I, Scrittori di religione, a cura di G. De Luca, Milano/Napoli 1954

Von den deutschen Ausgaben nennen wir nur:

Die Blümlein des heiligen Franziskus von Assisi, aus dem Italienischen von Rudolf G. Binding, Frankfurt/Main, 1973 ([1]1911)

Franz von Assisi, Die Werke, übersetzt von Wolfram von den Steinen und Max Kirschstein, Zürich 1979 ([1]1958)

Hinweise auf die überaus reiche Literatur über Franziskus, die Legenden und den Franziskanerorden finden sich in:

Wolfgang Braunfels, Abendländische Klosterbaukunst, Köln [4]1980 ([1]1969)

Liselotte Junge, Die Tierlegenden des heiligen Franz von Assisi, Leipzig 1932 (Dissertation Königsberg)

John Moorman, A History of the Francescan Order, Oxford 1968

Giorgio Petrocchi, Dagli «Actus beati Francisci» al volgarizzamento dei «fioretti», in: Ascesi e mistica trecentesca, Firenze 1957

– Gli scritti e la leggenda di San Francesco, Milano 1983

– La letteratura religiosa, in: Storia della letteratura italiana, Bd. I, II, ed. E. Cecchi – N. Sapegno, Milano [1]1957

Achille Tartaro, La letteratura civile e religiosa del Trecento, Bari 1972